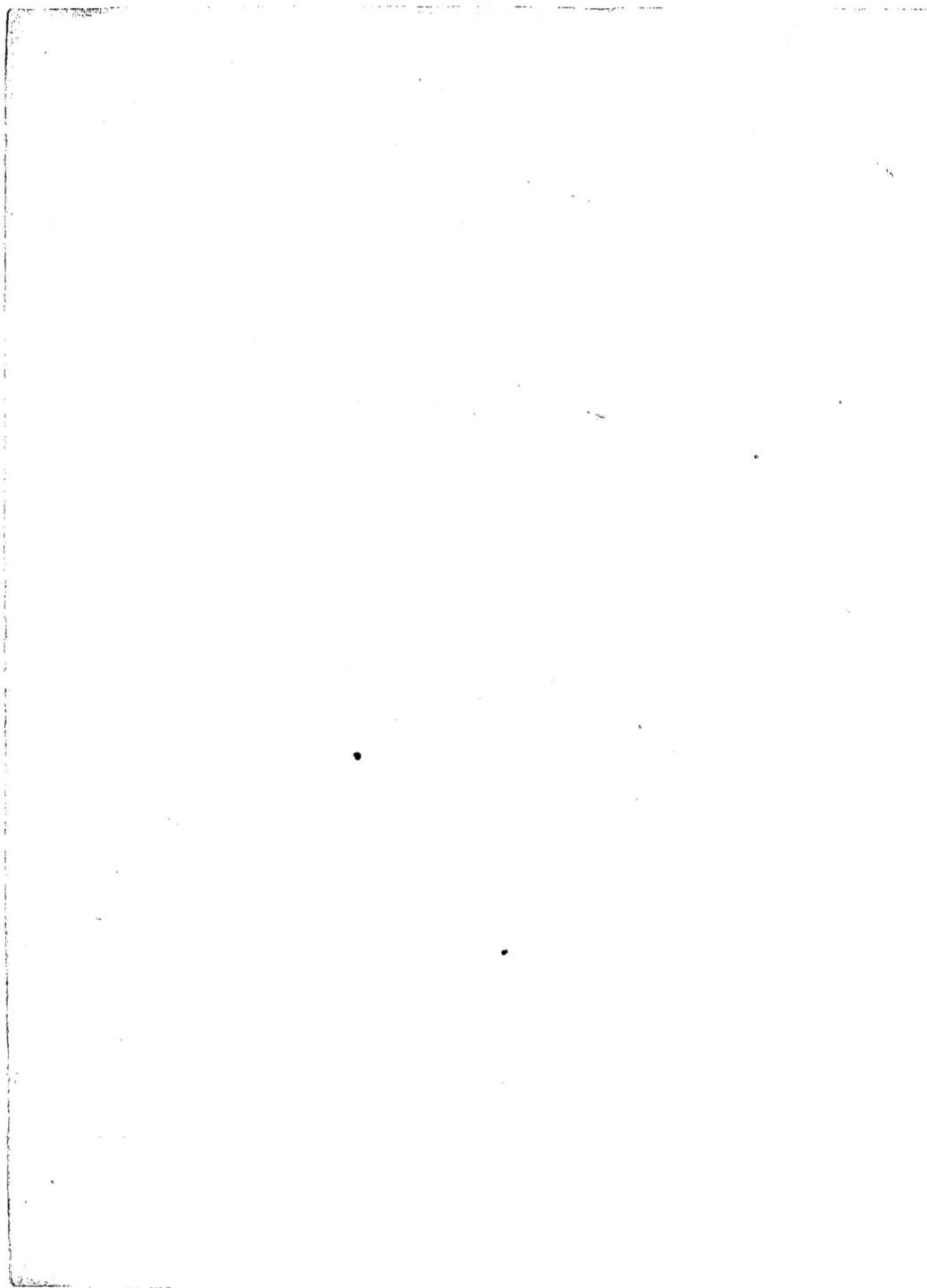

FORMULES D'ACTES,

A JOINDRE

AU TRAITÉ ÉLÉMENTAIRE

DU NOTARIAT,

Par M. GARNIER DESCHESNES.

DE L'IMPRIMERIE DE DOUBLET.

A PARIS,

Chez DOUBLET, Imprimeur de la Compagnie des Notaires, rue Gît-le-Cœur,
n°. 7.

1812.

AVIS DE L'AUTEUR.

En l'année 1811, la connoissance de cet Ouvrage étant parvenue dans les pays d'Italie, d'Allemagne, et de Hollande, qui sont à présent réunis à l'Empire français, les autorités constituées dans ces nouveaux départemens, s'en sont fait rendre compte par des hommes instruits en cette matière, et ont résolu de le faire traduire dans les langues de ces différens pays, jugeant que ce Livre seroit d'une grande utilité, non-seulement pour les Magistrats, pour les Notaires et pour les autres hommes de loi, mais même pour tous les particuliers à qui il importe essentiellement de pouvoir juger eux-mêmes si leurs intentions ont été exactement rendues dans les actes qu'ils passent devant Notaires, et s'il ne s'y est glissé aucun vice, soit quant au fond, soit pour la forme.

Diverses personnes m'ont fait inviter à consentir que ces traductions fussent imprimées dans ces pays, sauf à moi de faire préalablement, avec les imprimeurs et libraires, les traités et arrangemens dont nous conviendrions pour la conservation de mon droit de propriété de cet Ouvrage, telle qu'elle est attribuée aux auteurs par les lois et réglemens de la librairie, dans l'étendue de l'Empire.

Je me suis fait un plaisir et même un devoir de donner mon consentement à cette impression des traductions de mon livre ; et, d'après la demande qui m'a été faite, j'ai rédigé une série méthodique de formules ou modèles d'actes notariés, du moins quant à ceux qui en sont susceptibles ; car on conçoit qu'il seroit impossible de donner des formules qui fussent applicables à tous les actes, parce que des actes qui portent le même nom et qui sont de semblable nature, diffèrent quelquefois très-essentiellement les uns des autres à cause des particularités et des circonstances, qui varient à l'infini, et qui font que ce qui est bon dans un cas, seroit vicieux dans beaucoup d'autres.

Mais je n'ai donné de formules que pour les actes dont la rédaction se fait communément dans les mêmes termes, tels que contrats de mariage, ventes, échanges, baux à loyer ou à ferme, inventaires, etc., etc., et pour certains autres actes dont les formes et les expressions littérales sont rigoureusement prescrites par la loi.

A l'égard des partages, licitations, sociétés, liquidations de communauté, comptes, contributions, transactions, et beaucoup d'autres actes de diverses espèces, il est aisé de voir qu'il n'est ni possible, ni convenable, ni nécessaire d'en donner des modèles.

Et quant aux formules que j'ai données, on verra que j'ai toujours eu soin d'y joindre des observations et des notes motivées sur les différences que doit apporter, dans la rédaction, la diversité des cas et des circonstances.

Ces formules ainsi accompagnées du préservatif des inconvéniens qu'elles ont quand les Notaires ne font ou ne sont pas en état de faire une sérieuse attention à la diversité des conjonctures, étoient d'une nécessité indispensable pour les Notaires des pays étrangers, qui désormais seront obligés de se conformer aux dispositions des lois françaises, et se défendre de leurs anciennes habitudes, dans la rédaction de leurs actes, en tout ce qui ne sera pas conforme à ce que ces lois ont prescrit.

Tels sont les motifs qui m'ont déterminé à publier ces formules.

FORMULES D'ACTES,

Quant à ceux qui en sont susceptibles, comme il est dit dans l'avis de l'Auteur du Traité Elémentaire du Notariat, qui est mis au commencement de cette troisième édition.

Ces Formules seront placées ici suivant le même ordre, de distinction des diverses natures d'actes, qui a été observé dans ledit Traité, et l'on notera à la marge les numéros de ce Traité qui exposent ce que les Notaires doivent savoir touchant les règles de ces actes, tant pour se conformer aux dispositions du Code Napoléon, que pour l'observation des devoirs et obligations à eux prescrits soit pour le fond, soit pour la forme qui dans certains actes est de rigueur.

I.° LIVRE SECOND, PREMIÈRE PARTIE.

Actes portant convention entre deux ou plusieurs personnes ou seulement obligation de l'une envers l'autre.

CHAPITRE PREMIER.

Contrat de mariage; Formule générale.

PAR-DEVANT N....... Notaire impérial au département de...... (*mettre ici les noms et prénoms du Notaire qui garde la minute du contrat*), et son Collègue résidents à........ soussignés (*s'il n'y a qu'un Notaire, on mettra après les mots au département de, en présence des témoins ci-après nommés*), furent présens N. N... (*mettre ici les noms, prénoms, qualités et demeures des parties contractantes, et dire en quel nom ils stipulent soit comme père et mère, ou ascendans si ceux-ci sont morts, soit comme tuteur ou tutrice*); et si il y a quelqu'autre parent ou un étranger qui se propose de faire aux futurs époux ou à l'un d'eux quelque donation en faveur du mariage, on mettra ici ses noms, prénoms, qualités et demeure, et l'on ajoutera*), stipulant aussi en son nom à cause de la donation qu'il fera ci-après :

Lesquels ont, par ces présentes, réglé et arrêté comme il suit les conditions civiles du mariage convenu entre les futurs époux susnommés, et dont la prononciation doit être faite incessamment devant l'Officier de l'état civil suivant les formes prescrites par la loi.

En la présence de leurs parens et amis ci-après nommés; savoir : de la part du futur époux de N. N. (*Il faut énoncer le degré de parenté ou d'alliance, mais il n'est pas besoin de mettre la demeure*).

Et de la part de la future épouse, de N. N. (*énoncer de même le degré de parenté ou d'ailliance*).

ARTICLE PREMIER.

Ier. CAS.
Communauté de biens
ordinaire, n°s. 280,
281, 282, 283 et 284
du Traité du Notariat.

Les futurs époux seront communs en tous biens, meubles et conquêts immeubles conformément au Code Napoléon, suivant lequel leur communauté sera régie et partagé en tout ce qui n'y sera pas dérogé ou changé par ce contrat.

ART. II.

Chacun des futurs époux restera chargé séparément de ses dettes et hypothèques antérieures à ce mariage, si aucun y a, sans que l'autre ni la communauté en soient aucunement tenus.

ART. III.

Cas où les futurs époux se marient avec leurs biens et droits sans être dotés par personne.

Le futur époux se marie avec ses biens et droits consistants, 1°. (*désigner ici ces biens pour ce qui est en immeubles, ou en des droits dans quelque succession indivise, quoique cette énonciation ne soit pas absolument nécessaire, parce que ces sortes de biens et droits sont fondés sur des titres ou sur des pièces justificatives*); 2°. en meubles meublans et autres effets mobiliers énoncés dans l'état descriptif et estimatif que le futur époux a représenté, et qui est, à la réquisition des parties, demeuré annexé à ces présentes après avoir été par elles signé à la fin du dernier article, et paraphé *ne varietur* au bas de chaque page recto, en présence desdits Notaires (*ou bien* dudit Notaire et desdits témoins).

ART. IV.

La future épouse apporte audit mariage ses biens et droits, qui consistent, 1°. (le reste de cette article sera de même qu'on vient de dire pour les futurs époux.

ART. V.

Cas où ils sont dotés par quelqu'un.

Lorsque les futurs époux, ou l'un d'eux, indépendamment des biens et droits qui leur peuvent appartenir, sont dotés par leur père ou par leur mère, ou par quelqu'autres de leurs parens ou amis, et lorsque n'ayant aucun bien acquis, c'est leurs pères et mères ou l'un d'eux ou toute autre personne qui les dote, voici la clause qui contiendra ces diverses dotations, suivant les différens cas que l'on va supposer).

En faveur de ce mariage, les père et mère du futur époux lui donnent et cons- [N°s. 313, 314, 315 et 315 bis dud. Traité.] tituent en dot, chacun pour moitié, en avancement d'hoirie sur leurs futures successions, hors part et sans rapport (*énoncer ici les objets de cette donation*, [Cas où les père et mère les dotent conjointement.] *soit en immeubles qui seront suffisamment désignés, soit en rentes ou créances qu'on désignera aussi, soit en une somme d'argent payée comptant, si telle est la convention, soit en une somme payable à termes, ou qui ne sera exigible que lors de l'ouverture de la succession du donateur.* (*Dans ce dernier cas on mettra*) la somme de..... à prendre sur les plus clairs et apparens biens de leurs successions futures (*ou bien*) de la succession future, lesquels seront et demeureront dès à présent affectés par hypothèque générale au payement de ladite somme ; et en attendant lesdits père et mère s'obligent solidairement d'en payer audit futur époux, chaque année, en deux (*ou bien* en quatre) termes égaux, les intérêts à raison de cinq pour cent sans retenue, à compter du jour dudit mariage, (*si c'est le père qui dote seul, ou la mère qui dote seule, autorisée par son* [Cas où le père dote seul, ou bien la mère seule.] *mari, on le dira ainsi dans le contrat; et si malgré qu'il n'y ait que l'un des deux qui dote, l'autre veut assurer la dot, on dira, à l'égard du père,* laquelle dot ledit sieur.....assure et garantit par ces présentes, sur tous ses biens [Cas où l'un des deux dotent seul l'autre garantit la dot.] présens et avenir (*et à l'égard de la mère*), ladite dame...... déclare par ces présentes qu'elle consent de ne point exercer sur les biens dudit sieur son mari ses reprises dotales ni ses conventions matrimoniales au préjudice de la dot qu'il vient de constituer à ladite future épouse leur fille (*ou bien*), au futur époux leur fils.

Si le père ou la mère étant décédé, leur enfant a des droits acquis à cause [Cas où c'est le père veuf ou la mère veuve qui dote.] *de la succession du prédécédé, on mettra*), la présente dotation est faite par ledit sieur.....(*ou bien*) par ladite dame..... d'abord pour s'acquitter envers le futur époux, (*ou bien*) la future épouse, de ce qu'il lui doit pour sa part dans la succession de sa mère (*ou bien*) de son père, et le surplus en avancement d'hoirie dans la future succession, hors part et sans rapport.

Art. VI.

Les père et mère de la future épouse lui donnent et constituent en dot en considération de ce mariage, etc. (*le reste comme il vient d'être dit en l'article cinq à l'égard du futur époux, avec les distinctions notées dans cet article pour les différens cas qui y sont supposés ; si la dot consiste en tout ou en partie en effet mobiliers, on mettra ce qui est dit en l'article trois, si ce n'est que l'état descriptif et estimatif sera représenté par les père et mère de la future épouse, et l'on ajoutera* (lesquels effets seront remis au futur époux la veille dudit mariage ; et il en demeurera chargé de plein droit envers ladite future épouse par le seul fait de la prononciation de ce mariage, sans qu'il soit besoin qu'il en signe sa reconnoissance formelle.

<table>
<tr><td>Cas où c'est un autre parent ou un étranger qui dote.</td><td>*Dans le cas de dotation par un parent ou par un étranger, la clause portant cette dotation sera semblable à celle des articles cinq et six, si ce n'est qu'il faudra supprimer tout ce qui ne peut s'appliquer qu'à des père et mère.*</td></tr>
</table>

Cas où c'est un autre parent ou un étranger qui dote.

Dans le cas de dotation par un parent ou par un étranger, la clause portant cette dotation sera semblable à celle des articles cinq et six, si ce n'est qu'il faudra supprimer tout ce qui ne peut s'appliquer qu'à des père et mère.

Cas où le dotateur quelqu'il soit, se réserve le droit de retour dans les biens immeubles ou dans les créances et droits incorporels qu'il donne.

A l'article de la dotation on ajoutera après la donation et en alinéa ce qui suit :). Cette dotation est faite sous la condition expresse qu'en cas que le futur époux, *(ou bien)* la future épouse décède sans enfans avant ledit donateur, l'immeuble et les créances et droits incorporels ci-dessus donnés, lui reviendront par droit de retour pur et simple, sans aucune charge des dettes et hypothèques du donataire *(on peut, si l'on en convient, mettre la clause qui suit :)* sans cependant que ce droit de retour puisse faire osbstacle aux dispositions en usufruit que le futur époux *(ou bien)* la future épouse, voudra, pendant le mariage, faire à ladite future épouse *(ou bien)* audit futur époux (1).

Art. VII.

Des biens des futurs époux il entrera seulement dans leur communauté la somme de.........de part et d'autre, le surplus et tout ce qui adviendra de leur chef pendant le mariage, tant en meubles qu'en immeubles par succession, donation ou legs, sera propre à chacun d'eux ou à ses représentans.

Cas d'ameublissement.

(Si les futurs époux ou l'un d'eux n'ont que des immeubles, ou que leur mobilier soit insuffisant pour fournir leur mise en communauté, on mettra) à l'effet de quoi ils, *(ou bien)* le futur époux, *(ou bien)* la future épouse, *(ou bien)* les futurs époux consentent *(ou consent)* tout ameublissement nécessaire de leurs *(ou bien)* de ses immeubles, *(ou bien)* consentent *(ou consent)* que *(tel ou tel immeuble qui sera désigné)* soit ameubli, jusqu'à due concurrence de sa, *(ou bien)* de leur mise dans la communauté.

(Si les père et mère dotent conjointement, ils peuvent si telle est leur intention mettre la clause suivante par un article séparé, ou même à la suite de l'article de la dotation).

Au moyen de cette dot lesdits père et mère conviennent, de condition expresse de leur dotation, que le survivant d'eux jouira en usufruit pendant sa vie, à sa simple caution juratoire, de tous les biens du prédécédé ; sans que le futur époux *(ou bien)* la future épouse, ni ses enfans puissent lui en demander compte et

_____

(1) Voyez au sujet de ces donations et dotations, ce qui sera dit ci-après au chapitre des actes à titre gratuit.

partage, à la charge par lui de faire faire inventaire et de stipuler la même clause d'usufruit dans les contrats de mariage de leurs autres enfans, en cas qu'ils les marient du vivant des deux. Et si sous quelque prétexte que ce fut, ce compte ou partage étoit demandé, en ce cas la totalité de ladite dot sera imputée sur la succession du prédécédé.

Art. VIII.

Le futur époux donne et constitue à la future épouse, en cas qu'elle lui survive, une rente viagère de...... exempte de toute retenue, pour en jouir à titre de gain de survie, à compter du jour de sa viduité, en quatre termes égaux par chacun an (1).

Art. IX.

Le survivant des futurs époux, aura et prendra par préciput, sur la communauté, les meubles meublans et autres effets mobiliers réels qu'il voudra choisir, jusqu'à la concurrence de....... francs, s'il n'aime mieux prendre en argent le tout ou partie de ladite somme.

Il prendra aussi, au même titre de préciput, tous ses habits, linge et hardes, ses dentelles et bijoux à son usage personnel.

Le survivant prendra en outre, en augmentation de préciput, savoir : si c'est la future épouse, sa toilette avec tout ce qui en dépendra, ses livres, instrumens et papiers de musique et de dessin, et ses diamans, mais seulement, quant aux diamans, jusqu'à concurrence de la somme de...... suivant la prisée qui en aura été faite à juste valeur par l'inventaire. Et si c'est le futur époux, ses livres et bibliothèque, son nécessaire garni de toutes ses pièces s'il en a un, ses armes, ses chevaux de guerre avec leurs harnois (2).

Art. X.

En cas de renonciation à la communauté, la future épouse ou ses enfans survivans, reprendront la mise qui vient d'y être faite de son côté, et si c'est elle qui fait cette renonciation, elle n'en aura pas moins le préciput et l'augmentation de préciput ci-dessus stipulés, lesquels seront en ce cas une créance sur la suc-

---

(1) Cette donation de rente viagère pour la femme survivante, est destinée à remplacer le douaire que le Code n'a pas permis et dont il n'a même point parlé. Voyez n°. 322 du Traité du Notariat, et l'article 1093 du Code.

(2) On conçoit que ces détails doivent se régler et s'exprimer d'après l'état des personnes et leur fortune soit actuelle, soit probablement future, à cause de la profession ou des talens du mari.

cession du futur époux, le tout franc et quitte des dettes et charges de la communauté, encore qu'elle s'y fût obligée, ou qu'elle y eût été condamnée, auquel cas, elle et ses enfans en seront garantis et indemnisés par le futur époux ou par ses représentans sur tous ses biens présens et à venir.

ART. XI.

Cas où l'on conviendra que la mise en communauté sera reprise en cas de renonciation par les père et mère de la future épouse.

Cas où le mari aura la faculté d'exclure de la communauté les héritiers collatéraux de la femme.

En cas de prédécès de la future épouse sans enfans et de survie de ses père et mère ou de l'un d'eux, ceux-ci ou le survivant auront aussi le droit, en renonçant à la communauté, de reprendre la mise qu'elle y a faite ci-dessus; *(on pourra mettre encore, si l'on en convient, ce qui suit :)* et s'il n'y a alors que des héritiers collatéraux de ladite future épouse, le futur époux aura le droit de les exclure de la communauté en leur restituant la totalité de sa dot, et de ses reprises dotales, ou remplois des ses propres aliénés ou rachetés, à l'exception néanmoins de la somme de....... qu'il retiendra à la fin de s'indemniser des frais de noces (1).

ART. XII.

Cas où l'on donnera au mari survivant terme et délai pour la restitution de la dot.

Arrivant le cas de restitution de dot au profit de tous autres que les enfans de ce mariage, le futur époux survivant aura, pour se libérer de ce qui dans cette restitution consistera en argent, terme et délai de trois ans, en payant un tiers dans la première année de son veuvage et sans aucun intérêt, un tiers à la fin de la deuxième année, et le dernier tiers à la fin de la troisième, avec les intérêts de ces second et troisième tiers, à raison de cinq pour cent sans retenue.

Communauté pour les Acquêts seulement.

ARTICLE PREMIER.

Nos. 311 et 312 du Traité du Notariat.

Cas où le contrat de mariage est fait d'une manière expressément dérogatoire à la communauté légale.

Il y aura communauté entre les futurs époux, mais seulement pour les acquêts tant en immeubles, qu'en rentes créances et en droits incorporels, que fera le futur époux pendant ledit mariage, pourquoi ils dérogent en cette partie aux dispositions du Code Napoléon.

Les articles 2, 3, 4, 5, 6, 7, 8 et 9 seront mis comme ils sont dans le le N°. 1er. ci-dessus; sauf ce que les conjonctures diverses exigeront ou permettront que l'on y change, et suivant les conventions particulières que feront les parties.

---

(1) Cette clause d'exclusion de la communauté est peu usitée, elle ne convient guères que dans le cas où le mari est d'un état ou profession qui procurent et accroissent la fortune par les talens ou l'industrie.

(Il suit de là que l'article devra être mis comme le voici :)

ART. X.

En cas de renonciation à la communauté, la future épouse n'en prendra pas moins le préciput et l'augmentation de préciput ci-devant stipulés, lesquels formeront alors une créance sur la succession du futur époux, dont les représentans seront tenus de garantir et indemniser la future épouse de toutes les dettes et charges de ladite communauté, encore qu'elle s'y fut obligée ou y eût été condamnée.

L'article XI n'aura point lieu, mais on pourra si l'on en convient mettre l'article XII (1).

Communauté universelle de tous biens.

Furent présents, etc. *le reste comme au n°. I ci-deffus.*

ARTICLE PREMIER.

III.
Communauté universelle de tous biens.

Tous les biens meubles et immeubles qui appartiennent actuellement aux futurs époux et ceux qui leur adviendront et écherront pendant leur mariage à quelque titre que ce puisse être, entreront dans la communauté qu'ils conviennent d'établir entre eux et sous la condition formelle que cette communauté de tous biens appartiendra en entier au survivant d'eux, soit qu'il y ait, soit qu'il n'y ait point d'enfans ou descendans dudit mariage, et quand bien même le prédécédé laisseroit père et mère ou autres ascendans à la charge par ledit survivant de nourrir, élever et entretenir les enfans qui existeront alors, et de les établir suivant ses moyens et son état lorsqu'ils seront en âge d'être établis par mariage ou autrement.

ART. II.

Si c'est la future épouse qui survit et qu'elle renonce à la communauté, elle reprendra sur les biens qui se trouveront après le décès du futur époux, 1°. ceux qu'elle apporte audit mariage, désignés en l'état estimatif qui en a été dressé et vérifié entre les parties qu'elles ont représenté et qui, à leur requisition, est demeuré ci-joint, après avoir été d'elles signé et paraphé, *ne varietur,* en présence desdits Notaires. (*si cet apport consiste seulement en une somme d'argent on le dira*) Desquels objets (*ou de laquelle somme*) le futur époux demeurera chargé envers elle audit cas de renonciation à la communauté.

2°. Un préciput de...... francs, en meubles meublans et autres effets mobiliers

(1) Cet article 12 pourra être mis attendu qu'encore que la communauté ne comprenne dans le cas présent que les acquêts; le futur époux par son droit marital, aura la jouissance et l'administration des biens de la femme.

qu'elle voudra choisir suivant la prisée de l'inventaire ou à son option ladite somme en argent.

3°. Une rente viagère de...... francs, sans retenue, que ledit futur époux lui constitue pour ledit cas.

4°. Et tout ce qui pendant le mariage sera advenu à la future épouse de son chef, soit en meubles, soit en immeubles par succession, donation, legs ou autrement, en déduisant les dettes et charges en capital, provenues de son chef à l'occasion de ces échéances et qui auront été acquittées par le futur époux. A l'effet de quoi le futur époux fait à la future épouse toute donation nécessaire pour ce cas de renonciation, à raison de tout ce qui est stipulé au présent article (1).

(Clause qui peut être mise dans tous les contrats de mariage).

ART. ...... (*Ce sera le dernier de tous*).

La future épouse autorisée par ses père et mère, (*ou bien*) les père et mère de la future épouse, ayant sa tutelle légale, (*ou bien*) la future épouse émancipée d'âge, sous l'assistance de N.... (*son curateur*) consent que son droit d'hypothèque légale sur tous les immeubles du futur époux soit restreinte et limitée à...... *Limitation de l'hypothèque légale de la femme.* (*désigner ici l'immeuble ou les immeubles qui seront exclusivement grevés de cette hypothèque et qui seront suffisans pour la sûreté des droits de la future épouse*), et que les autres biens fonds, présens et à venir dudit futur époux, soient libérés de ladite hypothèque..

Clôture du contrat de mariage pour tous les cas.

C'est ainsi que le tout a été convenu et arrêté entre lesdites parties (*s'il n'y a qu'un Notaire on mettra ici*) en présence de
Et de
(*Mettre ici les noms, prénom, qualités et demeure dans la commune de la résidence des Notaires*), témoins à ce requis.

Fait et passé à........ en l'étude (*ou bien*) en la demeure du futur époux, (*ou bien*) de la future épouse, (*ou bien*) des père et mère de l'un ou de l'autre), l'an mil

---

(1) On conçoit que ce contrat de mariage devra être transcrit au bureau des hypothèques, du vivant des deux conjoints, en cas que le futur époux ou la future épouse aient des biens immeubles, lors de leur mariage, afin que le survivant, s'il veut recueillir cette communauté universelle, ne soit pas inquiété par des créanciers hypothécaires du prédécédé qui auroient pris inscription, car, c'est véritablement une donation éventuelle et réciproque, que se font les futurs époux, en mettant leurs immeubles actuels dans leur communauté universelle.

huit cent ...... le ...... et ont lesdites parties, et après elles lesdits Notaires (*ou bien* ledit Notaire et lesdits témoins), signé ces présentes après lecture faite auxdites parties par ledit ...... l'un desdits Notaires, (*ou bien*) par ledit Notaire en présence desdits témoins.

(Si un parent collatéral ou un étranger font, par le contrat, une donation quelconque aux futurs époux ou à l'un d'eux, il est d'usage que ce donateur mette après sa signature ce mot *donateur*).

(Il est d'usage aussi que la minute des actes soit paraphée par toutes les parties contractantes au bas de chaque recto; mais les parens et amis ne signent point ces bas de pages ni les renvois).

Il faut, pour ce n°. 4, supposer quatre cas :

1er. CAS. (*Que la communauté appartiendra en entier au survivant*).

(*Les articles* 1, 2, 3, 4, 5, 6, 7, 8, 9, 10 *et* 12, *seront mis comme au projet de contrat du n°.1, si les circonstances se trouvent les mêmes, et que les contractans en soient d'accord; mais l'article* 11 *sera rédigé comme il suit :*)

Art. XI.

Les futurs époux conviennent que les biens de leur communauté resteront, et appartiendront en totalité au survivant d'eux, à la charge par lui d'en acquitter les dettes et charges, et de laisser prélever par les héritiers et représentans du prédécédé; si ce sont des enfans ou ses père et mère, la mise qu'il y a ci-dessus faite, les reprises dotales et remplois de propres, déduction faite des dettes et charges qui auront été payées en capital sur les deniers de la communauté à l'occasion desdits propres et du chef dudit prédécédé; et si ce sont des héritiers collatéraux, ils feront aussi ces prélèvemens à l'exception néanmoins de la mise en communauté.

2°. CAS. (*Que la communauté restera en entier au futur époux s'il survit*).

(*La clause sera mise comme elle est ci-dessus, excepté qu'au lieu de ces mots de la* 2°. *ligne au* survivant d'eux, *on mettra* audit futur époux; *et qu'au lieu de ces mots* les héritiers et représentans du prédécédé, *on mettra,* les héritiers et représentans de la future épouse; *et au lieu de ces mots de la fin;* du chef dudit prédécédé, *on dira* du chef de ladite future épouse).

3e. CAS. (*Que le survivant, ou seulement le futur époux, si l'on en convient, aura une part plus grande dans la communauté*).

Le survivant des futurs époux, (*ou bien*) le futur époux s'il survit, aura et prendra dans les biens de la communauté (*on mettra ici la quotité dont on sera convenu comme, par exemple, deux tiers, ou trois-quarts, ou cinq sixièmes, au lieu de la moitié qui lui en seroit revenu naturellement, à la charge d'en acquitter les dettes et charges en proportion de cette part plus grande, et de laisser prélever sur ladite communauté, etc. (le reste comme en l'article II ci-dessus, en y changeant les mots, ainsi qu'il le faudra, comme on l'a dit pour le 2°. cas ci-devant rapporté*).

4°. Cas. (*Que les héritiers du prédécédé, (ou bien de la future épouse, si le futur époux lui survit), aura tous les biens de la communauté moyennant une somme déterminée qu'il leur paiera*).

Les futurs époux conviennent que le survivant d'eux, (*ou bien que le futur époux, si c'est lui qui survit*), aura en totalité les biens qui composeront leur communauté lors de sa dissolution, à la charge seulement de payer aux héritiers et représentans du prédécédé, (*ou bien de la future épouse si elle décède la première*), la somme de...... pour leur tenir lieu de tous droits de communauté (*si l'on convient que cette somme sera payée dans des termes et délais, on les spécifiera en ajoutant que ce sera avec les intérêts au taux quelconque dont on conviendra*) (1).

ARTICLE PREMIER.

V.
Exclusion de communauté n°. 307 du Traité du Notariat.

Il n'y a point de communauté entre lesdits futurs époux; la future épouse conservera tous ses biens et droits actuels, et ceux qui lui adviendront pendant le mariage tant en meubles qu'en immeubles à tel titre que ce soit, de son chef, desquels, ces cas déchoite arrivant, le futur époux aura soin de faire faire inventaire, avec prisée des meubles à leur juste valeur.

ART. II.

La future épouse apporte audit mariage les meubles et les effets mobiliers qui lui appartiennent, et sont énoncés dans l'état estimatif qu'elle en a fait dresser, que ledit futur époux a vérifié article par article, et qui est, à la réquisition des parties, demeuré ci-annexé après avoir été par elles signé et paraphé *ne varietur*, en présence desdits Notaires, (*ou bien desdits Notaire et témoins*), desquels objets le futur époux demeurera chargé, envers la future épouse, par le seul fait de la prononciation de ce mariage devant l'officier de l'état civil.

---

(1) On sait que toutes ces conventions supposées dans ce n°. IV, ne sont point de donations, ni par conséquent sujettes aux restrictions que le Code a faites pour les avantages que se font l'un à l'autre, ou mutuellement les futurs époux, par contrat de mariage. Voyez les numéros 304, 305 et 506 du Traité du Notariat.

ART. III.

Lors de la dissolution dudit mariage, la future épouse ou ses héritiers et représentans, reprendront tous les biens qu'elle y aura apportés et ceux qui lui seront advenus par la suite comme il est dit en l'article premier, à la charge de faire raison, sur cette reprise, à la succession du futur époux ou à lui-même s'il lui survit, de tout ce qui sera justifié avoir été par lui payé pour dettes et charges du chef de ladite future épouse.

ART. IV.

Le futur époux qui, en vertu dudit droit marital, jouira et aura l'administration des biens de la future épouse, sera tenu de lui laisser percevoir, sur ses simples quittances, jusqu'à concurrence de la somme annuelle de......exempte de toute retenue, sur les revenus de ses biens fonds ou rentes qu'elle désignera (*on peut, et il vaudra même mieux, spécifier ces biens ou rentes dans le contrat*).

ART. V.

Le futur époux, en cas qu'il décède avant la future épouse, lui donne et constitue une rente viagère de...... sans aucune retenue, dont elle jouira à titre de gain de survie, à compter du jour de sa viduité, et qui lui sera payée par les enfans ou les autres héritiers et représentans dudit futur époux; et en outre une somme de.... qu'elle prendra en meubles meublans et autres effets mobiliers qu'elle choisira suivant la prisée à juste valeur qui en aura été faite par l'inventaire, ou, à son option, ladite somme en deniers comptans.

ARTICLE PREMIER.

VI.
Séparation de biens convenue par le contrat de mariage.
Nᵒˢ. 308, 309, 310, 311 et 312 du Traité du Notariat.

Les futurs époux seront et demeureront séparés, quant aux biens, au moyen de quoi la future aura la pleine jouissance de ceux qui lui appartiennent à présent et de ceux qui lui adviendront pendant le mariage, tant en meubles qu'en immeubles à quelque titre que ce puisse être, elle en percevra les revenus et produits sur ses quittances, et fera seule tous les actes d'administration qui seront nécessaires à cet effet.

ART. II.

Les meubles meublans, les linges de lit et de table servant au ménage commun, l'argenterie, les bagues, joyaux et diamans que possède actuellement la future épouse, ont été énoncés dans l'état estimatif qu'elle en a fait dresser, etc. (*le reste comme à l'art. II du nᵒ. 11 ci-devant*).

Art. III.

Pour les autres meubles meublant et les diamans que la future épouse pourra acheter dans la suite, elle ou ses héritiers et représentans, si elle prédécède, la propriété en sera justifiée lors de la dissolution dudit mariage, par les quittances des marchands, fournisseurs et ouvriers, ou par leurs factures et mémoires signés d'eux.

A l'égard du linge de lit et de table, qu'elle aura aussi acheté, la propriété en sera suffisamment justifiée par la marque en fil de coton de couleur dont ils seront marqués, il en sera de même pour l'argenterie qu'elle aura de plus que celle qui est portée audit état ci-joint lorsqu'elle sera gravée à ses armes ou à son chiffre.

Et enfin sa toilette avec tout ce qui en dépendra, son nécessaire garni de toutes ses pièces, si elle en a un, les bijoux bagues et joyaux à son usage personnel et l'argent qui se trouvera dans ses secrétaires ou coffres particuliers, lui appartiendront de plein droit sans qu'il soit besoin d'en prouver sa propriété.

Art. IV.

La future épouse contribuera aux dépenses du ménage commun, pour la somme annuelle de........ qu'elle remettra manuellement au futur époux, et cette contribution sera censée être faite par avance, de semaine en semaine, ainsi qu'il est convenu par ces présentes, sans qu'il soit besoin qu'elle en retire quittance. Cette clause qui est de simple convenance, afin déviter tous sujets de compte et de débats entre mari et femme, peut aussi devenir abusive. (*Il seroit plus à propos que le montant de cette contribution de la femme, aux frais du ménage commun, fût par elle déléguée au mari sur quelque fermage ou autre revenu certain.*)

Art. V.

Dans le cas où la future épouse survivra audit sieur futur époux, il lui donne et assure une rente viagère de....... exempte de toute retenue, à titre de gain de survie et de droit d'habitation, pour en jouir à compter du jour de sa viduité, en quatre termes égaux par chacun an; plus un carosse et deux chevaux à choisir dans ceux de la succession du futur époux avec leurs harnois complets (1).

---

(1) On conçoit que les derniers mots de cet article, et ceux concernant les diamants et l'argenterie, le nécessaire, etc. ne doivent être mis que dans les contrats de mariage des personnes d'un état ou d'une fortune qui comportent ces sortes de superfluités.

ARTICLE PREMIER.

VII.
Régime dotal.
Nᵒˢ. 286 jusques et
compris 296 du Traité
du Notariat.

Les futurs époux sont convenus de se marier sous le régime dotal; au moyen de quoi les effets civils de leur mariage, concernant l'intérêt de fortune, seront réglés d'après ce qui est prescrit en cette partie par le Code Napoléon sauf les points pour lesquels il y sera dérogé par ces présentes.

ART. II.

(Cet article contiendra la constitution dotale : elle peut être faite de plusieurs manières et par diverses personnes, et pour certains biens. Si c'est la future épouse qui se dote elle-même, soit avec les biens qu'elle a en se mariant, soit avec ceux qui lui adviendront par la suite, soit avec tous ses biens présens et à venir, on mettra) la future épouse se constitue en dot tous les biens, seulement qui lui appartiennent actuellement tant meubles qu'immeubles, *(ou bien)* tous les biens immeubles réels qu'elle possède actuellement *(ou bien tel et tel bien que l'on désignera. Si c'est une terre, ou un corps de domaine, ou de ferme, on le désignera par son nom, et sa situation en ajoutant)* avec tous les héritages, bestiaux, équipages aratoires et autres objets qui en dépendent, *(Si ce sont des pièces d'héritages séparées, telles que terres, bois, prés, vignes, étangs, etc., il faudra les désigner toutes par situation, contenance, et au moins un tenant et un aboutissant orientés. Si la constution de dot contient des meubles, ou qu'elle ne contienne que ce genre de biens, il faudra les désigner article par article dans un état estimatif)* que la future épouse en a fait dresser, qui a été vérifié par, etc., *(le reste comme à l'article   du Nᵒ. 11 ci-devant. Si la constitution dotale ne porte point sur le mobilier qui pourra lui advenir par la suite on mettra)* la future épouse se réserve à titre paraphernal tout le mobilier réel ou incorporel qui lui adviendra pendant le mariage à tel titre que ce soit, duquel il sera fait inventaire dans lesdits cas (1).

(Si ce sont les père et mère de la future épouse, ou l'un d'eux, ou une autre personne qui la dotent, cette dotation sera faite comme on a vu pour les différens cas art. 5 et 6 du projet de contrat, nᵒ. 1 ci-devant.

(Si, malgré ce régime dotal, les futurs époux veulent établir entre eux une communauté d'acquets, on mettra un article distinct comme il suit :)

---

(1) Si la future épouse, lors de son mariage, a des immeubles non dotaux, ou si par le contrat elle se réserve en paraphernal ceux qui lui adviendront de successions dont elle ait l'expectative, il sera bon de mettre ce qui est dit art. 3 du nᵒ. VII. parce qu'il est possible que ses revenus et ses économies la mettent en état d'acheter des objets mobiliers d'une valeur notable.

Nonobstant ce régime dotal, les futurs époux conviennent qu'il y aura communauté entre eux, quant aux biens qui seront acquis pendant le mariage, tant par le futur époux que par la future épouse avec des deniers provenant de son chef. (1)

ART.

Le futur époux donne à la future épouse, en cas qu'elle lui survive, à titre d'augment de dot, la somme de...... (*ou bien*) une rente viagère de, etc. (*le reste comme il est dit article 8 du n°. 1 ci-devant*); et en outre la future épouse prendra, sur la succession du futur époux, la somme de.... pour payer les dépenses de son deuil.

ART.

De sa part la future épouse donne au futur époux, s'il lui survit, à titre de contre-augment de dot, la somme de........ (*ou bien*) une rente viagère de, etc.

(*Si, comme le permet ou le suppose le Code, art. 1595, tous les biens de la femme, sont par le contrat, stipulés paraphernaux, on mettra dans un article distinct ce qui suit :*

ART.

La future épouse contribuera aux charges communes du mariage jusqu'à concurrence de la somme annuelle de...... (*le reste comme il est dit en l'art. 4 du n°. 6 ci-devant*).

(*Si l'on convient des termes et délais pour la restitution dotale, on mettra l'article tel qu'il est dans l'article 12 du projet de contrat n°. 1 ci-dessus.*)

(*Si l'on convient, ainsi que le permet le Code, art. 1557, que les biens dotaux pourront être aliénés, on mettra dans un autre, exprès*).

Nonobstant ce régime dotal, les futurs époux conviennent que les biens dotaux de la future épouse pourront être aliénés par ledit futur époux, en la présence et du consentement de la future épouse, que les deniers du prix de vente seront employés aussi, de son consentement, en acquisition d'autres immeubles qui auront également nature de bien dotal, au moyen de la déclaration qui sera faite de l'origine des deniers, et ces emplois seront faits nommément au profit de la future épouse.

---

(1) Les derniers mots de cet article ne seront mis que dans le cas où la future épouse aura en paraphernaux des revenus qui puissent lui donner les moyens de faire des acquisitions.

ARTICLE *pour les donations entre futurs époux.*

V I I I.
Donation entre é-
poux par le contrat de
mariage. N°ˢ. 315 *bis*,
319, 322, 322 *bis*,
du Traité du Notariat.
Les deux n.°ˢ *bis*
concernent les immeu-
bles.

(I°. *Donations entre vifs.*) Le futur époux, (*ou bien*) la future épouse, fait donation entre vifs à la future épouse, en cas qu'elle (*ou bien*) qu'il lui survive, de....(*désigner ici le bien donné par sa dénomination et sa situation. Si c'est une maison, ou une terre, ou un corps de ferme, ajouter*) avec toutes ses appartenances et dépendances de quelque nature qu'elles soient; (*si ce sont des pièces d'héritages séparées, mettez comme il est dit en l'art. 2 du n°. 7 ci-dessus; si c'est une somme d'argent on dira*) la somme de...... à prendre sur les plus clairs et apparens biens de sa succession, lesquels demeurent affectés et hypothéqués dès à présent au payement de cette somme (*si la donation est seulement des biens à venir, ce qui n'est point une donation entre vifs, mais une donation à cause de mort, quoique irrévocable, on mettra l'article comme il suit :*) ...... fait donation à......de tous les biens tant meubles qu'immeubles qui appartiendront audit futur époux (*ou bien* à la future épouse), le jour de son décès, pour tout ce dont la loi alors subsistante promettra la libre disposition.

Suite de la première Partie du Livre second du Traité du Notariat.

CHAPITRE PREMIER. ARTICLE PREMIER.

Contrat de vente d'immeubles.

Lequel (*ou laquelle ou lesquels*) a, par ces présentes, vendu et promis de garantir, ainsi que de droit, de tous troubles et empêchemens quelconques...... (*s'il y a plus d'un vendeur, après le mot promis on mettra*) solidairement sous la renonciation aux bénéfices de droit (*si les femmes des vendeurs vendent conjointement avec leurs maris, on mettra*) lesdits...... solidairement chacune avec son mari, à (*mettre ici les noms, prénoms, qualités et demeure de l'acheteur, ou bien des acheteurs s'il y en a plus d'un*) à ce présent et acceptant, (*ou bien*) à ce présens et acceptans.

N°ˢ. 323 jusques et
compris 341 du Traité
du Notariat.

Une maison située à.... rue.... tenant d'un côté à.... d'autre à.... et par derrière à...... avec toutes ses appartenances et dépendances sans en rien excepter (*si ce sont des biens ruraux on en fera la désignation, en observant ce qui est dit au n°. 346 du Traité du Notariat*).

Ledit acquéreur sera et demeurera propriétaire dès-à-présent en vertu de cette vente, de l'objet à lui vendu, ainsi que des droits de servitude active qui y sont attribuées, et à la charge des servitudes passives apparentes dont il est tenu, et sous la condition de supporter les servitudes apparentes et établies par titres valables, desquelles ledit acquéreur pourra prendre connoissance dans les pièces qui lui seront ci-après remises par ledit vendeur, et dans toutes les autres qu'il pourra se faire délivrer ou communiquer à ses frais par tous Notaires, ou Officiers publics ou autres personnes qui en peuvent être dépositaires.

Ainsi que les objets ci-dessus désignés se comportent et qu'ils appartiennent audit vendeur (*s'il y a un bail notarié, ou sous seing-privé enregistré, on le relatera*).

(*Si ce sont des biens ruraux, et surtout des pièces d'héritages isolées on ajoutera :*) reconnoissant et déclarant ledit acheteur, bien connoître le tout comme l'ayant vu et visité pièce par pièce et en être content.

Il a été convenu, entre lesdites parties, que l'énonciation ci-dessus faite de la contenance desdites pièces d'héritage, ne donnera point lieu à la garantie des mesures exprimées dans cette désignation, ni aucune diminution ni augmentation du prix de la présente vente, en cas de moindre ou plus grande mesure, la dite vente étant faite en bloc, sauf seulement audit sieur acquéreur de demander le bornage ou de se pourvoir contre les propriétaires de pièces d'héritage contiguës à celle du vendeur ; en cas d'usurpation ou anticipation, ledit vendeur le subrogeant à tous les droits qu'il peut avoir à cet égard.

Art. II.

Ledit acquéreur aura la jouissance des objets à lui présentement vendus, à compter du..... (*si c'est une maison on spécifiera le terme du loyer, soit commencé avant la vente, soit qui commencera postérieurement. Si ce sont des fonds ruraux on mettra*), à commencer par les récoltes des fruits qui sont pendans ; (*ou si ce sont des biens affermés*), à compter du jour qu'échéront les termes de fermage répondant à la récolte pendante, (*et si les parties conviennent que la jouissance ne commencera que pour les récoltes postérieures on mettra*) à compter de l'époque qui suivra l'année à présent courante dudit bail, le vendeur se réservant tous les termes de fermages qui répondent à ladite année.

Art. III.

Établissement de la propriété des biens vendus.

Ladite maison (*ou* lesdits biens) appartient (*ou* appartiennent) audit vendeur comme lui étant provenue de la succession de.... (*ou bien*) comme lui étant échue par le partage fait entre lui et ses cohéritiers de la succession de....... (*ou bien*) en vertu de la donation (*ou du legs universel ou du legs particulier*) à lui fait par, etc. (*ou comme l'ayant acquis de ....* par contrat, etc.). (1)

Art. IV.

Cette vente est faite moyennant les prix et somme de .... francs, que ledit (*ou* lesdits acquéreurs) s'obligent de payer audit vendeur en sa demeure à...... |(*on mettra ici les termes où sera payé le prix , soit en un, soit en plusieurs paye- mens*), le tout avec les intérêt à raison de .... pour cent, à partir du .... pourvu que lors de la transcription du présent contrat au bureau des hypothèques il ne se trouve aucune inscription existante contre ledit sieur vendeur ; et s'il en existe quelqu'une, après que la main-levée et radiation en aura été faite, à moins cependant que l'ins- cription n'ait été prise soit personnellement par le précédent vendeur, ou pour lui d'office par le conservateur des hypothèques, auquel cas ledit sieur acquéreur ne payera audit sieur vendeur que la partie du prix de cette vente qui excédera ce qui sera dû au précédent vendeur, de la manière et aux termes que celui-ci sera en droit de l'exiger.

Art. V.

Ledit sieur acquéreur fera transcrire le présent contrat au bureau des hypo- thèques dans un mois (*ou* deux mois) au plus tard, à compter de ce jour, et sera tenu de remplir de suite les formalités de notification et autres qui sont prescrites par le Code Napoléon, ledit sieur vendeur pourra lui-même faire cette transcrip- tion s'il le juge à propos. Si ledit acquéreur e st plus de huit jours en retard de le faire, et faute par celui-ci d'accomplir à temps tout ce qui vient d'être dit, il sera tenu, ainsi qu'il s'y oblige de condition expresse de la présente vente, d'en acquitter le prix en capital et intérêts, nonobstant toute inscription existante , sauf à lui son action en garantie vis-à-vis dudit vendeur ainsi que de droit.

Art. VI.

Reconnoît ledit sieur acquéreur que ledit sieur vendeur lui a présentement remis les titres de propriété ci-dessus énoncés, et notamment le bail subsistant de l'im- meuble présentement vendu, déclarant et affirmant ledit sieur vendeur que le bail est sincère et véritable, et qu'il n'y a ni contre-lettre ni autre acte qui porte diminution de fermage. (2)

---

(1) Il faut énoncer ce contrat par les noms du vendeur (ou des vendeurs), et dire à quel titre le bien appartenoit. Si le prix de vente a été payé en entier, énoncer les quit- tances, si partie ou la totalité de ce prix est encore due, le dire aussi.

(2) Voyez ce qui est dit au sujet des baux au n°. 384 du Traité du Notariat, et dans la note mise au bas de ce numéro.

Clause résolutoire et redhibitoire qui peut être stipulée par ledit vendeur en cas que l'acquéreur manque de lui payer le prix de vente, soit en partie soit en entier. (1)

Art. VII.

Il a été convenu, comme condition expresse, sans laquelle cette vente n'eût pas été faite, que faute par ledit sieur acquéreur d'en payer le prix dans les termes ci-dessus stipulés, la présente vente sera de plein droit resoute et regardée comme non faite, après une simple sommation que le vendeur aura faite audit acquéreur quinze jours après l'échéance dudit payement, et qu'alors ledit sieur vendeur rentrera purement et simplement dans la possession de l'objet de cette vente. (*Voyez* n°s. 196 et 406 du Traité du Notariat sur la clause résolutoire.)

En cas qu'il y ait, dans la maison de ville ou dans les bâtimens, parcs et jardins d'un bien rural, des objets mobiliers non incorporés à l'immeuble, tels que glaces, tableaux, vases, statues, cloisons, placards, bibliothéques, instrumens aratoires ou bestiaux, et que le vendeur qui eût pu les ôter et se les réserver, convienne avec l'acquéreur de les lui céder, il faudra en faire un état et une évaluation article par article, qui sera annexé à la minute du contrat, et alors on ajoutera ce qui suit :

Art.

Par ces mêmes présentes ledit sieur vendeur cède, abandonne audit sieur acquéreur, et promet de lui garantir de toute revendication et autres empêchemens quelconques, les meubles et effets mobiliers qui sont dans ladite maison (*ou* dans les bâtimens, jardins et parcs dudit domaine rural), et qui sont désignés dans l'état estimatif qni en a été dressé entre les parties, et qui est, à leur réquisition, demeuré ci-annexé après avoir été par elles signé et paraphé en présence desdits Notaires (*ou* par lesdits Notaires et témoins).

CHAPITRE III.

Vente des Meubles.

La formule sera la même que celle qui est mise à la fin du Chapitre 2

---

(1) Si les titres sont trop nombreux pour qu'on puisse les énoncer tous dans le texte du contrat, on pourra en faire un état détaillé qui sera annexé à la minute.

Et si le vendeur ne les a pas tous, il faut dire que l'acquéreur pourra se les faire délivrer ou en faire faire des expéditions à ses frais, par tous Notaires, officiers publics et dépositaires qui les ont en leurs mains.

ci-dessus; et comme il ne peut y avoir de ventes de biens mobiliers d'un grand nombre d'espèces, il n'est pas possible ni nécessaire de donner un modèle uniforme de ces sortes de contrats, et il en est de même pour les ventes à réméré, les baux à rente foncière, les ventes à vie ou baux à vie, les ventes de la nue propriété, c'est-à-dire avec réserve de l'usufruit, promesses de vente, ventes avec la faculté de command.

(*Voyez ce qui est dit aux n°⁵ 342, jusques et compris 351 du Traité du Notariat*).

Art. II, du même Chapitre III.

Transport de droits et créances (Formule générale).

Lequel a, par ces présentes, cédé et transporté et promis de garantir de ses faits et promesses seulement qui sont que la créance (*ou* les droits) ci-après énoncée (*ou* énoncés) lui appartient (*ou* lui appartiennent), qu'il n'en a rien touché ni cédé à personne; et qu'il n'y a et ne se trouvera sur lui, lors de la signification du présent tranport, faite sans retard, aucune opposition ni saisie-arrêt ou autre empêchement, et sans aucune autre garantie, restitution de deniers ni recours quelconque, à......à ce présent et acceptant (*on énoncera ici la créance par le titre sur lequel elle est fondée, ou les droits incorporels par leur nature et la qualité dont ils dérivent, soit succession, soit association, soit donation ou legs, et de quelle espèce*).

Si le débiteur de la créance ou le cohéritier, ou l'associé ou l'un d'eux, en cas qu'il s'agisse de droits successifs ou sociétaires, sont appelés et présens à l'acte de transport, on mettra ce qui suit :

Ce fait en présence de...... (*mettre ici les qualités*).

Lequel (*ou* lesquels, tant pour eux que pour leurs consorts), ont déclaré qu'ils acceptent ce transport (*ou* cette cession), et se le tient (*ou* le tiennent) pour duement signifié.

Voyez ce qui est dit aux n°⁵. 352, jusqu'au n°. 359 du Traité du Notariat.

Art. III, du même troisième chapitre.

I°. Abandon pur et simple de biens par un débiteur à ses créanciers en masse, et par acte volontaire.

Lequel après avoir exposé à ses créanciers par lui convoqués à cet effet pardevant les Notaires soussignés, (*ou* pardevant le Notaire ou les témoins soussignés, en l'étude dudit Notaire): la situation obérée de ses affaires et leur avoir présenté un état ou bilan de son actif et de son passif, par lui dressé, qu'il certifie sincère et véritable, duquel ils ont pris communication, et qui est à sa réquisition demeuré annexé à ces présentes, a présentement cédé et abandonné à ses créanciers en masse, ce accepté par ceux desdits créanciers qui se sont trouvés en ladite assemblée, et ci-après nommés, tant pour eux que pour les autres avec lesquels le présent contrat sera homologué en justice suivant les formes et les règles prescrites en cette matière par le Code de procédure civile

Tous les biens et droits tant meubles qu'immeubles que possède ledit sieur débiteur, énoncés audit état ci joint, ainsi que les autres qui lui appartiennent ou peuvent appartenir sans exception ni réserve.

Pour, par lesdits créanciers en masse, demeurer saisis dès-à-présent de tous lesdits biens et droits, et être le tout vendu en direction, de la manière qu'ils le régleront par leurs délibérations, et en être le prix de vente distribué entre lesdits créanciers suivant le droit de chacun, après les formalités de vérification et affirmation de leurs créances devant un juge commis à cette fin par le tribunal compétent.

[Par ces mêmes présentes, lesdits créanciers s'unissent entre eux pour former un seul corps de direction, qui sera régi et administré de la manière dont ils conviendront par leurs délibérations et dès à présent, ils déchargent ledit sieur leur débiteur, du droit de contrainte par corps, qu'ils ont contre lui, et renoncent à faire contre lui des poursuites judiciaires].

II°. *Abandon à forfait par le débiteur pour demeurer entièrement quitte envers ses créanciers.*

Le présent abandon est fait pour demeurer quitte envers sesdits créanciers, de tout ce qu'il leur doit en principal; intérêts et frais.

(*et au lieu de la phrase ci-dessus mise, qui a été annotée, on mettra*). Pour, par lesdits créanciers demeurer pleinement saisis et propriétaires dès à présent des biens à eux présentement abandonnés, et en faire la vente et la distribution du prix, de la manière qu'ils jugeront à propos, et dont ils conviendront entre eux, déclarant qu'ils font, au moyen de cet abandon à forfait, audit sieur leur débiteur, la remise pure et simple du surplus de leurs créances.

Voyez les numéros 360, jusqu'au 364 bis, du traité du Notariat.

CHAPITRE III.

Contrat d'échange. Numéros 365 à 369 du traité du Notariat.

Furent présens N...... d'une part, et N..... d'autre part.

Lesquels ont par ces présentes fait entre eux l'échange et permutation ci-après.

Ledit sieur....... cède et délaisse à titre d'échange audit sieur....... ce acceptant (*énoncer ici l'objet bien circonstancié*).

Et de sa part ledit..... cède et délaisse à titre de contre échange audit sieur ce acceptant (*énoncer de même l'objet*).

Pour par chacun des échangistes demeurer dès-à-présent propriétaires et saisis de l'objet à lui cédé par l'autre (1) en jouir à compter du....... (*énoncer ici les époques où commencera cette jouissance*), et en supporter la contribution foncière à partir du même jour.

CHAPITRE IV.

Contrat de louage.

1°. Louage des choses, n°s. 371 jusqu'à 406 du Traité du Notariat.

Lequel a par ces présentes donné à bail à loyer (*ou* à bail à ferme) pour le temps de (neuf, *ou* 15, *ou* 18 etc.) années à compter du (*énoncer ici si c'est une maison ou une usine, telle que moulin, forge, manufacture, carrière, si c'est un bien rural sans bâtimens*) pour....... années, qui commenceront par la levée des jachères de l'an....... pour semer les gros grains dans l'automne de l'an.... pour semer les mêmes grains et faire les premières récoltes en l'année..... (*si c'est une ferme, on mettra de même et l'on ajoutera*) et pour l'habitation au........ (*mettre ici le jour de l'année où le fermier établira sa demeure dans la ferme ; on suivra pour fixer cette époque l'usage des laboureurs, qui varie suivant les pays ; si le bail est fait pour trois, six ou neuf années ce qui n'a guères lieu que pour les maisons en ville, on mettra pour trois, six ou neuf années, au choix respectif des parties, en s'avertissant par écrit, l'une ou l'autre, six mois (ou trois mois) avant l'expiration des trois premières qui commenceront le........ (si c'est de bois à couper et exploiter on mettra*) à commencer par la coupe de l'ordinaire de 18.... à 18... (*mettre ici le millesime d'année*).

A...... demeurant etc. à ce présent et acceptant, preneur pour lui, (*ou* pour eux) audit titre de bail, pour le temps ci-dessus déterminé.......

Une maison située à.... rue..... tenant d'un côté à.... d'autre à.... par derrière à.... (*Si c'est une ferme, ou une usine ou des pièces d'héritage sans bâtimens*

---

(1) On énoncera les titres de propriété de part et d'autre, de la même manière qu'on l'a dit pour le contrat de vente ci-dessus.

ou des coupes de bois; on les désignera en commençant par le nom des pièces d'héritage, avec leurs tenans et aboutissans orientés, et en énonçant après chaque article, la contenance en mesure métrique après laquelle on pourra mettre en parenthèse la mesure anciennement usitée dans le pays. et à chaque article on ajoutera ces mots (ou environ) afin d'éviter toute difficulté relativement aux mesures de contenance).

Ainsi que ladite maison se poursuit et comporte (ou ainsi que les objets ci-dessus loués se poursuivent et comportent de toutes parts), avec toutes ses (ou toutes leurs appartenances et dépendances), sans en rien excepter ni réserver, tel qu'elle, (ou qu'ils) appartiennent et doivent appartenir audit sieur bailleur, et qu'il en jouit, ou a droit d'en jouir, déclarant ledit sieur preneur la bien connoître (ou les biens connoître) comme l'ayant (ou les ayant) vus et visités en détail, et en être content, (si ce sont des fermes avec bâtimens on ajoutera) et reconnoissant que ladite ferme est suffisamment garnie et pourvue de pailles et fumiers; au moyen de quoi il la rendra en semblable et suffisant état à la fin du bail, sans que l'énonciation qui vient d'être faite de la contenance desdites pièces d'héritage puisse donner lieu à aucune garantie à cet égard de la part du bailleur ni à diminution ou augmentation du fermage ci-après stipulé à raison du moins ou du plus de ces contenances, ledit sieur preneur, qui en a une parfaite connoissance, acceptant le tout en son état actuel.

Pour par lui en jouir audit titre pendant ledit temps.

Ce bail est fait aux charges, clauses et conditions ci-après :

1°. }
2°. } On mettra ici les charges ordinaires dont la plupart sont de plein droit, mais qu'il est cependant d'usage de rapporter. Il est même bon de le faire, mais il faut éviter de vouloir les mettre toutes, de peur que si l'on en omettoit une, l'une des parties en prit prétexte pour prétendre que celles qu'on a omises ont été exceptées.

Quant aux charges extraordinaires, on les énoncera bien exactement, suivant qu'on en sera convenu, en observant ce qui est dit dans le Traité du Notariat au sujet de celles dont il est plus à propos de ne pas charger les fermiers ; car planter, édifier, faire certaines améliorations et augmentations, sont des choses que le propriétaire fait toujours mieux de faire lui-même, que d'en imposer l'obligation à son fermier, tant afin de lui éviter des soins, des travaux peu compatibles avec ses occupations journalières et urgentes de la culture, que pour prévenir toute contestation sur la manière dont il aura exécuté ces sortes de charges.

*Clause pour le cas où l'on convient que le fermier sera chargéde la con-
tribution foncière.*

Plus d'acquitter la contribution foncière avec tous ses accessoires, imposée actuellement ou qui pourra l'être, pendant le cours de ce bail, sur les objets qui y
sont compris, et d'en justifier, chaque année, audit sieur bailleur, par la remise
qu'il lui fera des quittances du percepteur.

Clauses qu'il faut toujours mettre dans les baux.

Ledit preneur ne pourra céder à personne, en tout ou en partie, son
droit du présent bail, sans le consentement par écrit dudit sieur bailleur, à peine
de perdre tout droit dudit bail qui demeurera en ce cas annullé et résilié si bon
semble au bailleur par le seul fait de cette contravention, sans qu'il soit besoin
d'aucun jugement ni d'autre formalité de justice, mais seulement d'une simple
sommation extra-judiciaire portant en tête la notification du fait qui aura donné
lieu à cette résiliation. Reconnoissant ledit preneur que, sans cette condition
expresse, ce bail ne lui eût pas été fait, ledit sieur bailleur ne voulant pas que la
jouissance dudit bail puisse être dans les mains d'un fermier qui ne soit pas de
son choix.

Le preneur sera tenu de posséder, et de cultiver sans exception toutes les
pièces d'héritage du présent bail, sans souffrir aucune usurpation ni anticipation,
et de se pourvoir, dans ce cas, en temps utile, contre ces troubles afin de maintenue,
à peine de demeurer responsable envers le bailleur de tous frais, dommages et
intérêts qui pourroient être occasionnés sur le pétitoire, par le défaut ou retard de
pourvoi sur le possessoire.

Et en outre ce bail est fait moyennant les prix et somme de .... francs de fermage que ledit sieur preneur (et sa femme), s'obligent solidairement, même ledit
preneur par corps, comme s'agissant de fermage de biens ruraux, de payer audit
sieur bailleur, chaque année, en espèces numéraire d'or et d'argent, au titre et
cours actuel des monnoies, et non autrement, en ...... termes égaux, les .... novem-
bre, 1er. mars et 1er. juin, dont le premier terme échéra et sera payé le .... novem-
bre qui suivra la première récolte; le second au 1er. mars, et le troisième au
1er. juin de l'année suivante, et ainsi de suite jusqu'à la fin du présent bail; si ce
n'est que les deux derniers termes seront acquittés ensemble le 1er. mars qui suivra
la dernière année de ce bail, après laquelle époque seulement ledit preneur pourra
enlever les grains qui seront dans les greniers de ladite ferme, et qu'il aura fait bat-
tre par ses batteurs en grange, sans pouvoir emporter aucune gerbe de paille battue.

Au payement duquel fermage, ainsi qu'à l'exécution des charges de ce bail, et à la prestation des faisances et menues denrées stipulées dans lesdites charges, les meubles, équipages de labour, grains, fourrages et bestiaux garnissant ladite ferme, demeurent affectés par privilége, ainsi que de droit, même par préférence à tous fournisseurs, artisans, marchands et manouvriers autres que les moissonneurs, de condition formelle du présent bail; et en outre lesdits preneur et sa femme y affectent et hypothèquent généralement tous leurs biens présens et à venir sans qu'aucune obligation déroge à l'autre, et pour réaliser cette hypothèque ils y affectent spécialement jusqu'à la concurrence de la somme de ....(*On déterminera ici cette somme qui naturellement doit être égale à trois, ou au moins à deux années de fermage, en argent ; l'on désignera les immeubles surlesquels portera cette hypothèque par leur situation, leur contenance, leurs tenans et aboutissans orientés, ou moins deux de ces tenans, ainsi que le prescrit le Code*), lesquels immeubles ledit sieur preneur déclare être libres de toute hypothèque (*ou n'être chargés que de telle ou telle hypothèque dont il énoncera la somme totale*), et produire un revenu de ...... d'après les matrices de rôle des contributions foncières de la commune (*ou* des communes où ils sont situées), et il s'oblige, pour cet effet, de prendre, au nom dudit sieur bailleur, inscription en bonne forme au bureau des hypothèques compétent, et de lui fournir, dans un mois au plus tard, à compter de ce jour, ladite (*ou* lesdites inscriptions) ainsi que le certificat du conservateur (*ou* des conservateurs) d'hypothèques portant qu'il n'y a, contre ledit preneur, aucune inscription, ou que ces inscriptions dont lesdits conservateurs délivreront extraits en bonne forme, ne montent qu'à la somme totale de ....inférieure à celle pour laquelle l'hypothèque spéciale vient d'être concédé et convenue, si mieux n'aime ledit preneur fournir audit sieur bailleur bonne et suffisante caution agréé par le bailleur, jusqu'à concurrence de la somme de ...... et solidaire avec lui.

Conventions particulières.

Il a été convenu de condition de ce bail, 1°. que ledit preneur ne sera point astreint, dans son exploitation de ladite ferme, à suivre l'ordre des rôles accoutumés; s'il préfère de faire beaucoup de prés artificiels afin de nourrir un plus grand nombre de bestiaux pour obtenir aussi plus d'engrais en fumiers, et de pouvoir disposer par vente d'une plus grande quantité de foins des prés naturels, pourvu toutefois que ledit preneur cultive et sème en gros grains chaque année la quantité, etc. ...... hectares de terre, qu'il mettra en avoine ou orge au printemps de l'année suivante (*On conçoit que cette quantité d'hectares devra être fixée d'après la quantité totale des terres labourables de la ferme; et ladite quantité à déterminer pourra se réduire à un sixième ou un cinquième du total, au lieu du tiers dont on a coutume de composer chaque solle, une pour les gros grains, une pour les menus grains, et la troisième en jachères.*

2°. Qu'à l'égard des prés artificiels ledit preneur les formera des différentes espèces d'herbes, plantes et graines qu'il jugera à propos, d'après la nature et la qualité du terrein; mais qu'il sera tenu d'en avoir toujours au moins la même quantité d'hectares que celle qu'il en a à présent, et d'en laisser à la fin du bail la pareille quantité d'âge et produits moyens semblables à ceux des prés artificiels existant aujourd'hui.

3°. Qu'en cas qu'il ait borné sa culture en cereales à la quantité ci-dessus permise, il ne pourra l'étendre au-delà pendant les trois dernières années du bail, ni la porter alors à plus du tiers de la totalité des terres de ladite ferme.

4°. Qu'en ce qui concerne les réparations locatives, la tonsure des haies vives, le curage des fossés et rigoles dans l'interieur ou au bord des pièces d'héritage, le rabat des taupières, les moyens d'irrigation des prés, de tous lesquels objets ledit preneur est chargé, ainsi qu'il est dit ci-dessus, comme ces sortes de travaux exigent des soins assidus, souvent peu compatibles avec les occupations journalières d'un fermier, qu'ils sont d'une modique dépense quand on les fait à temps, tandis que leur retard en augmente beaucoup les frais, occasionne ensuite de grosses dépenses, et fait dégénérer les dégradations en grosses réparations, il a été convenu, par ces présentes, que tous ces travaux seront faits par les ouvriers ordinaires dudit sieur bailleur, et leur seront payés, par ledit preneur, d'après leurs mémoires, qui seront vérifiés et réglés aux prix courans, et communiqués audit preneur, lequel en tiendra compte audit sieur bailleur, pourquoi les lieux seront, à la fin de chaque année, visités par son régisseur en présence dudit preneur; et l'état dans lequel se trouveront les bâtimens et les pièces d'héritage, sera constaté sur un double registre à ce destiné, dont l'un sera dans les mains dudit régisseur, et l'autre dans celles du preneur et arrêté tous les ans entre eux.

(Dans les baux de biens de campagne, que l'on fait pour plus de 9 ans; c'est-à-dire, pour 18, 20, 24, 27, 30, 33 et même 36 ans, ainsi que cela seroit à désirer pour l'amélioration de l'agriculture, autant pour l'intérêt général que pour l'avantage des propriétaires et des fermiers, il sera bon de mettre la clause suivante, afin que cet arrangement ne donne point lieu à des regrets de la part des propriétaires). (1)

Clause particulière pour le cas qui vient d'être rapporté.

Ce bail est fait pour neuf années, et il est expressément convenu entre les par-

---

(1) Voyez l'article bail du nouveau cours complet d'agriculture, imprimé à Paris, en 1809, chez Déterville, rue Hautefeuille.

ties qu'il sera de plein droit prorogé pour neuf autres années lorsqu'il sera expiré, pour neuf autres années après la fin de cette deuxième période, et pour neuf années encore à l'expiration de la troisième révolution, mais que dans le cas où ledit preneur auroit manqué essentiellement à quelqu'une de ses obligations soit naturelles soit stipulées ci-dessus, touchant la culture, cette clause de prorogation successive du bail sera regardée comme nulle et non avenue si bon semble audit sieur bailleur sans qu'il soit besoin d'aucun jugement ni d'aucune formalité en justice, au moyen d'une simple notification extra-judiciaire qu'il fera audit preneur du fait qui aura donné lieu à l'usage de la présente condition résolutoire.

Clause qu'on peut aussi mettre dans les baux de biens de campagne.

Il a été convenu de condition expresse sans laquelle le présent bail n'eût pas été fait, que faute de payement de deux ou de trois termes du fermage ou en cas de contravention par le fermier à des points formellement stipulés dans ce bail, il sera résolu et anéanti de plein droit si bon semble au bailleur, sans qu'il soit besoin de jugement ni d'autre formalité de justice, au moyen d'un simple commandement qu'il aura fait audit preneur quinze jours après l'échéance du dernier des deux ou trois termes qu'il se trouvera en retard d'acquitter (1),

Même Chapitre IV du IIe. Livre.

Bail emphitéotique. Formule générale.

Lequel a par ces présentes donné et délaissé à titre de bail en emphythéose pour le temps et espace de..... années (*on mettra ici le nombre d'années qui doit être au moins de 30, 40 ou 50 ans, et qui ne doit pas être plus de 99*) a....... (*mettre le nom du preneur*).

On désignera l'objet:......... *Voyez au sujet de ce contrat ce qui est dit aux numéros 407 et suivants, jusques et compris 413 du Traité du Notariat.*

Bail à cheptel. Formule générale.

Lequel a par ces présentes donné à titre de bail à cheptel à moitié fruits et à

---

(1) Voyez la note page 5.

·moitié pertes a.......... (*ou bien* à titre de cheptel, *de telle et telle nature que l'on spécifiera*).

Voyez aussi à ce sujet les numéros 414 jusques et compris 418 du Traité du Notariat; on sent qu'il n'est pas possible de donner un modèle uniforme de ces sortes d'actes, dont les clauses varient nécessairement suivant les circonstances qui sont elles-mêmes fort différentes suivant les cas.

Bail à moitié grains, a des cultivateurs que l'on appelle en Cens des Métayers.

(Il n'est pas possible aussi de donner des formules uniformes pour ces sortes de baux). Voyez à ce sujet ce qui est dit au N°. 402 du Traité du Notariat.

Même Chapitre IV Article II.

Louage d'ouvrage et d'industrie.

Ce sont les brevets d'apprentissage et les devis et marchés.

1°. *Brevets d'apprentissage.*

Lequel (*mettre ici le nom du père et de la mère veuve*, *ou du tuteur de l'apprenti ou de la fille apprentie*) a par ces présentes mis en apprentissage pour le temps et espace de...... années consécutives à commencer du..... prochain, chez le... (*ou* chez la dame *ou* demoiselle *mettre ici les noms, qualité, profession et demeure du maître ou de la maîtresse*) à ce présent et acceptant, le nommé.... (*mettre ici les noms et âge de l'enfant*) qu'il déclare prendre en qualité d'apprenti (*ou* d'apprentie) pendant ledit temps, et à qui il s'engage de montrer et enseigner les règles et procédés de son art, sans lui en rien cacher, de l'y faire travailler et de le loger et nourrir comme il a coutume de faire en pareil cas.

Ce marché est fait moyennant la somme de....... à une fois payer, (*ou bien* moyennant la pension annuelle de....... francs) laquelle somme ledit (*ou* ladite) promet et s'oblige de payer audit....... (*ou* à ladite) en trois termes égaux dont le premier a été payé comptant audit sieur (*ou* à ladite dame) qui le reconnoît, le second écherra le....... et le troisième sera payé à la fin de la dernière année dudit apprentissage.

De sa part ledit apprentif (*ou* ladite apprentie) promet de rester assiduement chez ledit.... son maître, (*ou* ladite sa maîtresse) pendant ledit temps d'apprentissage, d'apprendre de son mieux tout ce qu'il (*ou* qu'elle) lui enseignera, et de lui obéir en tout ce qu'il (*ou* quelle) lui commandera de licite et honnête, sans pouvoir jamais s'absenter qu'avec sa permission, et dans le cas où il (*ou* elle) s'absenteroit ou auroit une mauvaise conduite, ledit........ son père, (*ou* sa mère, *ou* son tuteur *ou* sa tutrice, *ou* sa tante si c'est un orphelin sans tuteur) promet sur l'avertissement que ledit maître (*ou* ladite maîtresse) sera tenu de lui en donner, de le corriger et de le lui ramener pour continuer son apprentissage, et s'il n'est pas possible de le morigéner et de le reconduire pour achever son apprentissage il sera dès lors annullé de plein droit sans qu'il y ait lieu à répéter la somme ci-dessus payée pour le premier terme du présent marché ni celle qui se trouvera avoir été payée pour le terme alors échu.

2°. *Devis et Marchés.*

On ne peut donner une formule générale pour ces sortes de contrats conventionnels qui varient suivant les différens cas.

Il suffit de dire que les entreprises, les ouvrages, les fournitures ou les travaux dont il s'agira doivent être clairement spécifiés.

Voyez ce qui est dit à cet égard aux numéros 424 jusques et compris 427 du Traité du Notariat.

CHAPITRE V.

Du contrat de Société.

Il en est de même pour les contrats de Société qui varient beaucoup; leur formule ne sauroit être uniforme. Voyez les règles de cette nature de contrat, aux numéros 428 jusqu'à 444 du même Traité.

CHAPITRE VI.

Du Contrat de prêt.

1°. *D'une somme remboursable à temps.*

Lequel (*Mettre ici le nom de l'emprunteur*) a par ces présentes reconnu être débiteur envers (*mettre les noms, qualités et demeure du prêteur*) à ce présent et acceptant, de la somme de...... francs, pour le prêt qu'il lui a présentement fait de ladite somme (*ou* qu'il lui doit à cause de...... *mettre ici pour quelle cause, en désigner la nature; et si c'est un prêt en lingot, en énoncer le métal, le titre et le poids en marcs*), laquelle somme il promet et s'oblige de lui rendre et payer en sa demeure, à......le...... mil huit cent...... avec l'intérêt en attendant, à compter de ce jour, sur le pied de cinq pour cent par an, sans retenue, en deux termes égaux de six en six mois (*si le prêteur et l'emprunteur sont des négocians ou marchands, ou si l'un d'eux emprunte de quelqu'un qui ne l'est pas, les intérêts peuvent être stipulés à six pour cent par an*).

(*Si le prêt consiste en lingots on mettra*) lequel poids de lingots ledit sieur,....

promet et s'oblige de rendre en lingots de semblable métal et du même titre monétaire, audit sieur ...... en sa demeure ...... à ..... le ...... mil huit cent ...... avec les intérêts sur le pied de, etc. (*le reste comme ci-dessus*).

Auquel payement en principal et intérêts ledit sieur affecte spécialement et hypothèque..... (*désigner ici les immeubles qui seront hypothéqués, ainsi qu'on l'a vu à l'article bail ci-dessus*) déclarant ledit sieur....... que lesdits biens sont libres de toute hypothèque (*ou bien*) ne sont grevés que pour des sommes dont le montant n'est en totalité que de...... mille francs de quoi il justifiera audit sieur....... par la remise qu'il lui fera du certificat du conservateur des hypothèques du bureau dans l'étendue duquel lesdits biens sont situés, (*ou bien* de l'extrait qu'aura délivré le conservateur des hypothèques, portant l'énonciation des inscriptions subsistantes sur lesdits biens).

Cas ou l'emprunt est fait pour employer les deniers à payer une créance plus ancienne contre l'emprunteur.

Déclare ledit sieur qu'il emprunte ladite somme (*ou* lesdits lingots) pour en employer les deniers (*ou bien* la valeur intrinsèque desdits lingots et payer *(mettre ici l'énonciation de cet emploi à faire soit le tout ou partie du prix d'un bien fonds que l'emprunteur a acquis de*... *par contrat passé devant etc*.... *le etc.*, *moyennant la somme de*...... *soit une somme qu'il doit avec hypothèque spéciale ou légale, ou conventionnelle, ou judiciaire à*........ *suivant l'acte etc. énoncer ici la cause de la dette*) promettant led........ de faire ledit emploi d'ici à quinze jours au plus tard et de faire dans la quittance, qu'il retirera dudit payement, la déclaration de l'origine des deniers afin que ledit sieur soit subrogé dans tous les droits résultants des causes et des titres des créances au payement desquelles aura servi le prêt ci-dessus, et s'obligeant de lui fournir et délivrer aussitôt les pièces concernant ledit emploi et ladite subrogation.

2°. *Contrat de constitution de rente numéros 458 jusqu'à 462 du Traité du. Notariat.*

Rente perpétuelle.

Lequel a par ces présentes constitué à...... à prendre sur ses biens et revenus et exempts de toute retenue soit d'impositions présentes ou à venir soit pour autres causes quelconques, laquelle rente il promet et s'oblige de payer et servir audit sieur....... en sa demeure à...... en deux termes égaux de six en six mois chaque année, à compter de cejourd'hui, dont le premier écherra le..... prochain.

Cette constitution est faite moyennant la somme de..... que ledit sieur reconnoît lui avoir été à l'instant payée et fournie à cet effet en pièces numéraires d'or, d'argent et monnoie pour appoint, par ledit sieur..... dont quittance ; au payement et service de laquelle rente et à la garantie de son capital ledit sieur..... affecte et hypothèque tous ses biens présens et à venir, et spécialement etc. (*le reste comme il a été dit ci-dessus pour le prêt à terme ; et de même dans le cas où celui qui constitue la rente est convenu de faire l'emploi des deniers du prix de cette constitution*).

Ledit sieur...... pourra faire, quand il jugera à propos, le rachat de ladite rente, en remboursant audit sieur..... le capital par lui ci-dessus reçu et en en acquittant tous les arrérages qui pourroient en être dus alors, ainsi que tous frais, mises et loyaux coûts, le tout en un seul payement, (*ou bien* en plusieurs payemens) dont le moindre ne pourra être au-dessous de la somme de.......... de chacun desquels il sera tenu de donner avis par écrit audit sieur...... un mois (*ou 2 ou 3 mois* d'avance) mais il est expressément convenu que ce rachat ne pourra être fait avant dix ans révolus, à compter de cejourd'hui.

Rente viagère, numéros 463 à 466 du Traité.

La formule est la même que pour la rente perpétuelle, avec les différences que doit y apporter la nature de rente viagère.

1°. On peut constituer celle-ci, sur la tête de celui au profit de qui elle est constituée, soit sur une autre tête, et même au profit d'une autre personne que celle qui fournit le capital. Voyez n°. 464.

2°. Il ne faut pas mettre ce qui concerne le rachat pour la rente perpétuelle ; il est néanmoins permis de stipuler que le constituant aura la faculté de se libérer de la rente viagère en payant à celui au profit de qui elle est constituée la somme capitale qu'il en a reçue, mais on ne peut pas stipuler que les arrérages qu'il avoit payés jusqu'alors lui seroient restitués.

Voyez ce qui est dit au n°. 466.

CHAPITRE VII.

Contrat aléatoire, numéros 467, 468, et 469 dudit Traité.

Cette sorte de contrat ainsi que ceux de société, chapitre 5 du même livre 2 du Traité du Notariat, numéros 428 à 444 se font bien rarement par-devant Notaires, et lors même que cela arrive, les parties contractantes sont par leur état, leur profession et leur expérience, beaucoup plus propres que les Notaires, à rédiger leurs conventions en cette matière ; c'est par cette raison que l'on n'a point mis ici de formules et modèles de ces deux espèces d'actes.

CHAPITRE VIII.

Délégation; 1°. proprement dite, numéros 470 471 dudit Traité.

Furent présents, Louis........ Pierre.......... et Jean.

Lesquels voulant faciliter les moyens de s'acquitter de ce que l'un doit à l'autre et d'être payés de ce qui leur est dû réciproquement, sont convenus entre eux de ce qui suit :

Ledit Louis delegue audit...... Pierre..... la personne dudit Jean..... pour lui payer en son lieu et place........ la somme de,...... que lui doit ledit sieur Pierre suivant l'acte passé etc...... en faisant lequel payement audit sieur Jean , ledit sieur Pierre en sera bien et valablement déchargé envers ledit sieur déléguant, et de sa part ledit sieur Jean, qui accepte ledit sieur Pierre pour débiteur, décharge ledit sieur Louis, de la pareille somme, que celui-ci lui doit (*ou* à valoir sur la somme de..... que celui-ci lui doit) suivant l'acte passé etc.

Cette délégation est aussi faite et acceptée de part et d'autre, sous la réserve néanmoins des droits et actions résultants des titres des créances ci-dessus énoncées dans le cas où la présente délégation n'auroit pas son entière exécution, pour les payemens qui doivent s'en suivre.

Délégation improprement dite, ou autrement indication de la personne à qui devra être payée une somme qu'on doit.

Cet acte est une sorte de transport de créance, lequel oblige bien le cédant, mais ne peut préjudicier à ses créanciers, et ne saisit le cessionnaire que par la signification faite au débiteur de la créance cédée, ou bien par son acceptation du transport. Voyez ce qui est dit au Traité du Notariat n°. 474. Voyez aussi ce qui est dit au n°. 473 au sujet d'une autre sorte de délégation qui consiste à accorder à quelqu'un, pour lui faciliter et assurer le payement de ce qu'on lui doit, le droit de recevoir les revenus, rentes ou intérêts échus et à échoir, de fermages, loyers, rentes ou intérêts appartenant au débiteur.

Voyez aussi n°. 495 où il est parlé du nantissement de quelque créance.

CHAPITRES IX, X, XI.

Du cautionnement, du nantissement et du dépôt ou séquestre, numéros 475 jusques et compris 503 du Traité du Notariat.

Il n'y a point de formule expresse pour ces sortes de contrats, ni de néces-

*sité d'y employer des expressions autres que celles qui énoncent la nature de
la convention. Il suffira aux Notaires chargés de rédiger ces actes de se bien
pénétrer de tout ce qui est dit dans ces 28 numéros, d'après les dispositions
du Code Napoléon.*

CHAPITRES XII ET XIII.

*De la transaction et du compromis pour arbitrage, numéros 504, jusques
et compris 517 dudit Traité.*

1°. *Transaction.*

Furent présents.... lesquels, voulant, pour leur propre intérêt respectif, prévenir
les longueurs, les embarras, les frais et les incertitudes du procès qui existe
entre eux devant le tribunal civil de...... (*ou* devant la cour impériale de........)
sur l'appel interjeté par ledit sieur........ du jugement rendu le...... au tribunal
civil (*ou bien si le procès n'a pas encore été élevé, après ces mots* les incertitudes, *on mettra*) du procès qui étoit sur le point de s'élever entre eux, sont
par ces présentes convenus, et ont arrêté ce qui suit à titre de transaction
irrévocable.

Les comparans ont préalablement observé que (*on exposera ici l'objet de la
contestation, et les points distincts dont il peut se trouver que la contestation
se compose. Il n'est pas nécessaire d'entrer sur cela dans de longs détails ni
encore moins, dans celui des procédures faites ; si ce n'est lorsque la contestation porte sur quelque vice de procédure dont l'une des parties s'est pré-
value contre l'autre*) d'après cet exposé les parties se sont accordées moyennant
les conditions ci-après.

ARTICLE PREMIER, *etc.*

*On mettra ici les différens sacrifices que fera de son côté chacun des tran-
sigeans, si ces sacrifices consistent en plusieurs points dont il soit à propos
de faire des articles séparés tels que des payemens que l'un d'eux promettra
de faire à l'autre, soit comptant, soit à termes, ou bien des renoncia-
tions à quelque droit ou à exiger quelque somme, etc. etc.*

Au moyen des présentes, tous procès et contestations nés et à naître entre
lesdites parties avec toutes leurs circonstances et dépendances sont et demeurent
éteints et anéantis sans aucune exception ni réserve, dépens compensés entre elles,
chacune demeurant seulement chargée des frais par elle faits, et qui peuvent rester
dus, sans pouvoir répéter contre l'autre ce qu'elle en a déjà payé.

2°. *Compromis pour arbitrage.*

Lesquels désirant de connoître et déterminer quels sont leurs droits respectifs dans........ *énoncer ici la nature et la cause de ces droits tels qu'une succession commune, ou une association et de quelle espèce, ou des donations conjointement faites aux parties soit entre-vifs soit à cause de mort*) et prévenir toutes contestations qui pourroient s'élever entre eux à ce sujet, ont par ces présentes nommé pour leurs arbitres et amiables compositeurs, MM...... et N...... (*mettre ici les noms, qualités et demeures des arbitres*) auxquels lesdits comparants donnent plein pouvoir de régler et déterminer quels sont à leur avis les droits des parties dans les biens et objets ci-dessus énoncés, soit qu'ils estiment que chacune d'elles y ait un droit plus ou moins étendu, soit qu'ils décident que l'une (*ou plusieurs*) n'y en ont aucun; *(fixer si le cas le requiert, la valeur des biens dont il s'agit,* et prendre pour la visite et estimation de ces biens les trois experts qui leur seront indiqués par les parties, d'ici à huit jours au plus tard; sinon lesdits arbitres les nommeront d'office; donner auxdits experts tous pouvoirs nécessaires recevoir d'eux le rapport qu'ils feront de leur opération et qu'ils affirmeront véritable en le remettant auxdits arbitres.

(*S'il s'agit de régler des comptes sur lesquels il y ait des débats on mettra*) juger les comptes présentés par ledit sieur auxdits sieurs N.. N.. N.. sur les pièces qui seront produites de part et d'autre auxdits arbitres, en fixer les recettes et dépenses, et déterminer les sommes qui seront à leur avis dues par l'une (*ou plusieurs*) desdites parties à l'autre (*ou aux autres*).

Statuer sur le tout par jugement souverain, lesdits comparans renonçant à en interjetter appel, et à tout pourvoi en cassation et en requête civile, et ils déclarent aussi qu'ils se dispensent réciproquement de l'observation des formes prescrites pour les tribunaux ordinaires, qu'ils en dispensent également lesdits arbitres, [et les autorisent à dispenser lesdits experts du serment requis par la loi.] *Ce qui est ici entre deux crochets, ne se mettra qu'en cas qu'il y ait des biens à visiter et estimer.*

Clause qui ne se mettra que dans le cas où il sera nommé seulement deux arbitres.

En cas de partage d'opinion entre les arbitres, les parties les autorisent à choisir un tiers pour les départager, et les décisions de ce tiers arbitre seront suivies, comme les leurs, lesdites parties voulant que tout ce qui est dit ci-dessus s'applique également à ce tiers et dans le cas où les deux arbitres ne s'accorderoient pas sur le choix d'un tiers ils sont autorisés par ces présentes à demander au président du tribunal civil de leur domicile de le nommer d'office.

Le délai de l'arbitrage est fixé par les parties à..... Mais à compter de ce jour, le jugement arbitral sera lu par les arbitres le dernier jour dudit délai, auxdites parties qu'ils auront invitées à se trouver pour cet effet chez l'un d'eux, et ils donneront défaut contre celle qui manqueroit de s'y rendre, après l'avoir attendu pendant trois heures.

Lesdites parties promettent et s'obligent de se conformer audit jugement arbitral et à tout ce qui vient d'être convenu par ce compromis.

Fait et passé, etc.

CHAPITRE XIV.

Contrat d'union entre des créanciers.

Voyez ce qui est dit ci-devant à l'art 3 du 3ᵉ. chapitre.

Ce contrat d'union, n'exige point une formule particulière, et n'en est pas même susceptible, à cause des variétés et différences qui s'y rencontrent fréquemment.

CHAPITRE XV. *Du Partage.* et CHAPITRE XVI. *De la Licitation.*

Il en est de même de ces deux sortes d'actes, on ne peut en donner des formules, parce qu'ils varient à l'infini.

Voyez ce qui en est dit dans le Traité du Notariat et dans le tableau annexé, sur tous les cas possibles dans les différens ordres de successions dans la petite feuille gravée ou l'on trouve l'ordre généalogique des degrés de parenté, et dans les feuilles imprimées et aussi annexées audit traité n°. 645 des différences qui se trouvent entre l'enfant avantagé et les autres enfans.

IIᵉ. LIVRE SECOND, DEUXIÈME PARTIE.

Actes exprimant la volonté d'un seul.

CHAPITRE PREMIER.

Actes à titre gratuit, n° 577.

ART. 1ᵉʳ. et ART. 2. *Donation entre vifs.*

On a vu ci-devant au chapitre 1 de cette 2.ᵉ partie, la formule générale des donations entrevifs faites par contrat de Mariage, les autres sont tant pour le fond que pour la forme assujéties par le Code à des règles plus étroites.

Formule générale.

Fut présent, etc.... lequel a par ces présentes, donné par donation entre-vifs et irrévocable, à.... à ce présent et acceptant (*l'acceptation doit ou peut être faite comme il est dit aux n° 594 et 595 du Traité du Notariat, et l'on conçoit que suivant les différens cas, les termes de cette acceptation doivent être aussi très-différens,* (*mettre ici les noms du donataire, ou celui de la personne qui acceptera*).

(*Désigner ici la maison, ou la terre, ou la ferme, ou la créance qui sera donnée*).

Pour par ledit donataire être et demeurer propriétaire et saisi dès ce jour, de l'objet à lui présentement donné et en jouir à compter du.... (*On a vu au chapitre du contrat de vente, comment cette clause concernant l'époque de jouissance doit être rédigée suivant les cas, relativement à des loyers ou des fermages, ou autres revenus et produits de ces biens*).

Si le donateur se réserve l'usufruit de ce qu'il donne on mettra : mais n'en jouir qu'à compter du jour du décès dudit sieur donateur qui s'en réserve l'usufruit et jouissance pendant sa vie à titre de constitut et précaire,

Si la chose est donnée à une personne pour la nue propriété, et à une autre pour l'usufruit, cette particularité sera exprimée, il n'y a pas pour cela une formule de rigueur, il suffit de l'exprimer clairement.

Si la chose est donnée à deux personnes conjointement, on mettra à..... et à...... conjointement, à ce présens et acceptans.... (*tel et tel objet*). Pour par lesdits donataires en être et demeurer, en vertu des présentes, propriétaires indivis à compter de ce jour, et en jouir conjointement, et la propriété appartenir en totalité à celui des deux qui survivra à l'autre si le premier mourant ne laisse point de postérité.

Si l'on fait donation d'une somme d'argent que le donateur promet de fournir au donataire dans un terme stipulé, ou de lui faire payer par ses héritiers et représentans après sa mort, on mettra :

Lequel fait par ces présentes, donation entrevifs à..... à ce présent et acceptant, de la somme de..... à prendre sur les plus clairs et apparens biens qui se trouveront dans sa succession, au paiement de laquelle somme ledit sieur donateur affecte par hypothèque spéciale, (*désigner ici l'immeuble qui sera hypothéqué, lequel immeuble doit nécessairement être un bien qui appartienne actuellement au donateur Voyez n.° 606 dudit Traité.*

A l'égard du droit de retour que l'on peut se réserver dans la chose donnée et des conditions que l'on peut imposer à sa donation, pourvu que ce ne soit pas celle de transmettre la chose à un autre par le donataire après sa mort, et que ce soit des conditions licites d'après le Code Napoléon, voyez numéros 580 et 585 du Traité du Notariat.

Il n'y a ni ne peut y avoir de formule uniforme. Il faut seulement exprimer toutes ces conditions d'une manière qui ne laisse aucune équivoque ni obscurité.

2°. *Donations à cause de mort entre époux.*

On ne parlera ici que des donations à cause de mort que les époux se peuvent faire l'un après l'autre pendant le mariage, car pour toutes autres personnes, ces donations appelées à cause de mort, c'est-à-dire, qui ne doivent avoir lieu qu'en cas de décès du donateur avant le donataire, ne peuvent être faites que dans la forme testamentaire, et sont soumises aux mêmes règles et formes que les testamens, et il n'en sera parlé qu'en l'article suivant des testamens.

Il faut observer d'abord que les époux ne peuvent se faire ni par acte entre-vifs, ni par testament, aucune donation mutuelle et réciproque dans un seul et même acte (n°. 609 du Traité du Notariat, article 1049 du Code) et que suivant l'art. 968 du Code : « deux personnes ne peuvent pas faire, par le » même acte, un testament contenant des dispositions soit réciproques entre » elles, soit au profit d'un tiers ».

D'après cette observation on conçoit que pour les donations que l'un des époux fait à l'autre, soit entre-vifs, soit à cause de mort, les formules ne sont assujéties à aucune règle fixe, d'autant plus que chacun d'eux peut révoquer, s'il veut, ces actes gratuits de telle manière qu'il jugera à propos.

ART. III.

Des testamens, numéros 610, jusques et compris 642, du Traité du Notariat. Formule Générale.

1°. *Testament olographe.*

Je soussigné, etc. ai fait et écrit de ma main mon testament, ainsi qu'il suit :

On peut mettre ici ce que l'on veut, soit pour recommander son ame à Dieu, soit pour ordonner des prières, soit pour régler de qu'elle manière seront fait son convoi et ses funérailles, et le lieu où l'on veut être inhumé, soit enfin pour faire des legs à ses domestiques, à ses amis ou aux pauvres, tant en objets mobiliers ou immobiliers, qu'en sommes d'argent ou en rentes et pensions.

Si le testateur fait des legs de quelque nature que ce soit à quelques uns de ses enfans ou autres héritiers, ayant la réserve légale des parts indisponibles, suivant le Code, il mettra dans toutes ces dispositions, ces mots : (hors part et sans charge de rapport), art. 843, 844 et 846 du Code.

Dispositions universelles ou à titre universel.

Quant au surplus de mes biens je fais et institue mon héritier universel M......, pour tout ce dont je puis disposer d'après la loi [qui subsistera au jour de mon décès] *le testateur ne mettra ces mots entre deux crochets, que dans le cas où il voudra que sa disposition universelle ait tout l'effet qu'elle pourra avoir, et non pas seulement l'effet qu'elle auroit, suivant la loi subsistante le jour qu'il teste, car dans ce second cas, il ne donne que ce dont il a la faculté de disposer alors.*

(*Voyez n° 611 du Traité du Notariat*).

Le légataire universel est chargé de plein droit d'acquitter tous les legs particuliers, et de laisser prélever par les légataires à titre particulier seulement les biens et objets légués à ceux-ci.

(*Mais le testateur peut s'il le veut mettre*) les droits d'enregistrement auxquels donneront lieu tous mes legs particuliers portés dans ce testament et ceux que je pourrai faire dans la suite par quelque codicile seront acquittés par mondit légataire universel;

Je nomme pour mon exécuteur testamentaire M..... voulant qu'il ait à compter du jour de mon décès la saisine de tout mon mobilier (*ou seulement de mes revenus et de mes créances exigibles*).

Je révoque tous testamens, codiciles et autres dispositions de dernière volonté que je puis avoir faits avant mon présent testament.

Fait à..... le.... (*mettre ici la date de l'année, du mois et du jour où l'on a fait ce testament.*

2.° *Testament mystique ou secret.*

Je soussigné, etc., ai fait ainsi qu'il suit, mon testament mystique que j'ai écrit de ma main, (*ou que j'ai fait écrire par M...... à qui je l'ai dicté mot à mot*).

Le reste, comme il vient d'être dit pour le testament olographe.

Fait à..... le...... et j'ai renfermé mon présent testament dans une feuille de papier timbré servant d'enveloppe, sur laquelle j'ai appposé le cachet de mes armes (*ou de mon chiffre*).

Ce paquet cacheté doit ensuite être présenté par le testateur à un Notaire assisté de six témoins, et il faut que sur cette enveloppe il écrive de sa main que le papier renfermé dans ce paquet est son testament, et il signe cette déclaration.

A la suite de ladite déclaration, le Notaire rédige l'acte de suscription dont voici la formule :

Aujourd'hui...... (*tel*) jour du mois de..... mil huit cent.... est comparu parde-vant nous...... Notaire impérial au département de....... résidant à...... en la présence de MM......

Mettre ici les noms, 'qualités, demeures des six témoins, tous majeurs regnicoles et jouissans des droits civils (Nota. Il sera appelé un septième témoin dans le cas exprimé en l'article 977 du Code.) N° 678 du Traité du Notariat, et le Notaire dans l'acte de suscription fera mention de la cause pour laquelle ce septième témoin aura été appelé) le sieur..... (Mettre ici les noms qualité et demeure du testateur), saìn d'esprit mémoire et jugement ainsi qu'il est apparu auxdits Notaires et témoins par ses discours et entretien, s'étant transporté à l'effet des présentes en l'étude dudit Notaire (*ou bien s'il est malade dire*) malade de corps, chez lequel lesdits Notaires et témoins se sont transportés à sa réquisition et qu'ils ont trouvé dans sa chambre, maison sise rue.... couché dans son lit, (*ou* assis dans un fauteuil *ou* chaise).

Lequel nous a déclaré que le paquet qu'il a représenté contient son testament, ainsi qu'il vient de le dire par les mots qu'il a écrits ci-dessus en présence desdits Notaires et témoins, et en conséquence nous Notaire sus nommé avons, en la présence desdits témoins, rédigé le présent acte de suscription, que ledit testateur à présentement déposé à nous Notaire, pour ce paquet rester en nos mains et n'être ledit paquet ouvert qu'après son décès, suivant les formes requises (*ou bien* que nous avons délivré audit sieur testateur) et ont ledit testateur et après lui lesdits Notaire et témoins signé le présent acte de suscription qui a été fait de suite et sans divertir a autres actes.

Fait et passé les jour, an et lieu ci-dessus exprimés.

3.° Testament par acte public, formule générale et de rigueur.

Pardevant, etc. et en présence des témoins ci-après nommés et soussignés. *Nota. Il faut pour les testamens par acte public deux Notaires et deux té-moins ou un Notaire et quatre témoins qui sachent signer, mais dans les campagnes, si le testament est reçu par deux Notaires on peut mettre un des deux témoins, non sachant signer, et s'il est seulement reçu par un No-taire, il suffit que deux des quatre témoins sachent signer.*

Est comparu M...... (*le reste comme il vient d'être dit pour l'acte de sus-cription du testament mystique*) saìn d'esprit, etc.

Lequel a par ces présentes fait ainsi qu'il suit son testament qu'il a dicté et nommé mot pour mot auxdits Notaires et qui a été écrit par l'un d'eux en présence desdits deux témoins, (*ou bien* audit Notaire *s'il n'y en a qu'un*, en présence desdits quatre témoins).

Je....., etc. *Mettre ici toutes les dispositions que fera le testateur ainsi qu'il est dit ci-dessus, pour le testament olographe.*

Ce fut ainsi fait, dicté et nommé par ledit testateur auxdits Notaires, et écrit par ledit.... l'un d'eux (*ou bien* audit Notaire) et par ledit Notaire qui l'a écrit, lu audit testateur à haute voix en présence de son collègue et desdits deux témoins (*ou bien* par ledit Notaire en présence desdits quatre témoins) laquelle lecture il a dit avoir bien entendue, à.... l'an mil huit cent.... le.... et ont ledit testateur et après lui lesdits Notaires et témoins signé (*et si le testateur ou bien l'un des témoins quand c'est à la campagne que l'acte se fait, ne sait signer on mettra seulement*) ; ledit sieur... testateur déclare auparavant la signature desdits Notaires et témoins, qu'il ne sait écrire ni signer (*ou bien* qu'il est hors d'état de signer à cause de son indisposition) *et si à la campagne un des deux témoins, ou deux des quatre témoins ne savent point écrire, on dira*) à l'égard dudit..... témoin (*ou desdits.... tel et tel, c'est-à-dire deux des témoins, ne savent pas écrire, le Notaire dira*) l'autre *ou* les autres témoins ont déclaré qu'il ne sait (*ou* qu'ils ne savent) écrire ni signer.

Testamens des militaires et des individus employés dans les armées, faits en mer, ou en pays étranger ou en temps de contagion ou dans une ville ou place bloquée.

On ne parlera point ici de ces sortes de testamens pour la forme desquels le Code a fait des dispositions particulières qui n'ont rien d'applicable aux Notaires.

Voyez le Code Napoléon art 981, jusques et compris 1001.

CHAPITRE II de la deuxième Partie du Livre II du Traité du Notariat.

Du contrat de mandat, numeros 651 à 660, du Traité. Formule générale.

Fut présent, etc.

Lequel à par ces présentes fait et constitué, son procureur général et spécial M...... auquel il donne pouvoir de pour lui et en son nom (*énoncer ici les choses que le constituant veut que fasse son procureur fondé, le plus en détail que faire se pourra, ce qui dépend, comme on le conçoit, de la variété infinie des circonstances*). *Voyez ce qui est dit à ce sujet aux numeros 658, 659 et 660 dudit Traité.*

Nota. (*Si c'est un mari qui donne procuration à sa femme, il faut mettre*) laquelle il autorise pour tout ce qu'elle fera en vertu des présentes.

CHAPITRE III.

De l'acte de ratification, numeros 661, 662 et 663 dudit Traité. Formule
générale.

Fut présent; etc.

Lequel après avoir, ainsi qu'il le déclare, pris connoissance de l'acte passé le...... devant........ par lequel le sieur....... en qualité de...... *ou bien* comme se portant fort dudit sieur comparant a...... vendu..... (*ou* acquis, *ou* échangé, *ou* loué, *ou* pris à bail *ou* a reçu) (*spécifier ici ce qui a été fait et qu'il s'agit* *de ratifier*).

A déclaré qu'il l'approuve et le ratifie par ces présentes, pour être exécuté en tout son contenu, promettant d'acquiter, garantir et indemniser ledit sieur...... de toutes les charges et obligations dont il a contracté pour lui l'engagement par ledit acte.

CHAPITRE IV.

Acte recognitif ou titre nouvel, numeros 664 à 667 du Traité du Notariat.
Formule générale.

Fut présent, etc. *Mettre les noms qualité et demeure du reconnoissant et* *dire en qu'elle qualité il est débiteur, soit comme héritier légataire ou do-* *nataire à titre universel, ou seulement comme propriétaire et détenteur en vertu* *d'un titre singulier, ou bien affecté par hypothèque à la dette dont il s'agit* *de donner titre nouvel.*

Lequel a, par ces présentes, reconnu qu'il est en la qualité ci-dessus énoncée propriétaire et détenteur de.... (*désigner l'immeuble*) et que ledit bien est chargé envers le sieur...... *ou bien* et qu'en ladite qualité il est personnellement débiteur envers le sieur.... de la somme de.... portant intérêts, sur le pied de.... pour cent, si cela est ainsi (*ou bien* de tant de francs de rente, soit perpétuelle, soit viagère, *mettre* franche et exempte de toute retenue, *si cela est ainsi*).

Et en conséquence il passe audit sieur..... titre nouvel de ladite créance, promettant de l'acquitter servir et continuer ainsi et de la manière stipulée au titre primordial (*énoncer ici le titre, ou les dernières reconnoissances de cette* *créance, et si le détenteur n'est propriétaire qu'à titre singulier, on ajoutera* *ces mots,* tant et si longuement qu'il sera propriétaire et détenteur dudit im- meuble.) Ce qui a été accepté par ledit sieur...... (*mettre ici les noms qualité et* *demeure du créancier*), à ce présent et intervenant, sous la reserve des arrérages de ladite rente (*ou bien* des intérêts de ladite somme capitale qui peuvent lui rester dus).

NOTA. *Si le reconnoissant passe le titre nouvel, en qualité d'héritier du débiteur originaire, il faut avoir bien soin de dire qu'il est héritier bénéficiaire.*

CHAPITRE V.

Renonciation, remise de dette ou d'hypothèque, désistement, main-levée, numeros 668 à 674 du Traité du Notariat.

1°. *Renonciation.*

Lequel à, par ces présentes, déclaré qu'il renonce purement et simplement au legs qui lui a été fait par N..... suivant son testament, etc. (*ou bien* a.... *on mettra ici l'objet, ou le droit, ou la faculté dont il s'agira*). Ce qui a été accepté par...... à ce présent et intervenant.

2°. *Remise d'une dette.*

Lequel à, par ces présentes, déclaré qu'il fait remise à M..... de la somme de.... (*ou* des intérêts de la somme de, etc.) qu'il lui doit suivant l'obligation, etc., ce qui a été accepté par....., etc. (*mettre ici les noms qualité et demeure de la personne à qui la renonciation doit profiter, comme l'héritier ou le légataire universel, etc., ou le propriétaire de l'immeuble hypothéqué*).

3°. *Désistement.*

Lequel s'est, par ces présentes, désisté purement et simplement au profit de M....... de la demande qu'il a formée contre lui par exploit de..... pour les causes énoncées en ladite demande, et de toutes les poursuites et procédures qui s'en sont suivies, et des frais et dépens qui en sont résultés. Ce qui a été accepté, etc.

4°. *Main-levée.*

Lequel a par ces présentes fait et donné main-levée, de l'opposition (*ou* saisie arrêt, *ou* sommation, *ou* commandement) qu'il a fait (*ou bien* qu'il lui a fait) par exploit du...... consentant que ladite opposition soit et demeure de nul effet, comme non faite et avenue, et que les débiteurs dudit sieur..... lui payent....... quoi faisant ils en seront bien et valablement déchargés.

(*S'il s'agit d'une inscription d'hypothèque, on dira*) main-levée de l'inscription qu'il a prise contre le sieur...... (*ou bien* qui a été prise pour lui contre le

6

sieur.... énoncer ici l'inscription par sa date, son numero et le bureau de conservation d'hypothèque), [consentant que ladite inscription demeure nulle], comme non avenue, et qu'elle soit rayée de tous registres, quoi faisant le conservateur des hypothèques en demeura déchargé.

S'il s'agit d'une inscription qui porte sur plusieurs immeubles, et de n'en libérer qu'un, on dira, après les mots qui sont mis entre deux crochets, en tant qu'elle porte sur (tel et tel immeuble qui sera désigné, et l'on ajoutera à la fin) se réservant, ledit sieur, l'effet de ladite inscription, en ce qui concerne les autres immeubles dudit sieur....

CHAPITRE VI.

I°. *Autorisation par un mari à sa femme. Numeros 675 et 681 dudit Traité.*

Lequel a, par ces présentes, déclaré qu'il autorise N...., son épouse, à l'effet de (*mettre ici l'objet pour lequel la femme sera autorisée, comme par exemple, accepter une donation que se propose de lui faire M.... (n°. 675), acheter ou vendre un immeuble, donner main-levée d'une inscription prise pour une créance immobilière du chef de la femme, etc. ou renoncer à un legs à elle fait, etc.).*

II°. *Consentement pour mariage.*

Lequel et à l'effet de contracter mariage avec..... (*mettre ici les noms, qualité et demeure de la personne, que le fils ou la fille du consentant veut épouser, et les qualité et demeure des père et mère de cette personne.*

III°. *Consentement pour divorce volontaire des deux parts.*

PREMIER PROCÈS-VERBAL.

L'an mil huit cent.... le.... heure de.

En la chambre du conseil du Tribunal de première instance du département de.... et par-devant M. .... président du Tribunal,

En présence de MM. .... Notaires impériaux à .... soussignés,

Sont comparus ensemble et en personne N.... âgé de.... demeurant.

Et N.... sa femme, âgée de.... demeurant.

Tous deux poursuivant le divorce par consentement mutuel, ladite dame, de son mari autorisée en tant que de besoin, à l'effet des présentes.

Lesquels ont déclaré individuellement à M. le président, que réunissant toutes les conditions, et ayant rempli toutes les formalités préalables qui sont exigées par la loi, ils demandent le divorce par consentement mutuel.

M. le président a fait aux deux époux réunis, et à chacun d'eux en particulier, en présence des deux Notaires, des représentations et exhortations pour les détourner de leur dessein; il leur a donné lecture du chapitre 4, titre 6, livre 1er. du Code civil, et leur a développé toutes les conséquences de leur démarche.

Les deux époux ayant déclaré persister dans leur résolution, M. le président leur a donné acte de ce qu'ils demandent le divorce et y consentent mutuellement. Art. 283.

A l'instant les parties ont produit et déposé entre les mains des Notaires : *Idem.*

1°. L'acte de naissance dudit sieur;

2°. L'acte de naissance de ladite dame;

3°. L'acte de leur mariage;

4°. L'acte de naissance de.... leur fils, et l'acte de son décès;

5°. L'acte de naissance de.... leur fille, et l'acte de son décès;

6°. L'acte de naissance de.... leur fils, seul enfant qui leur reste;

Déclarant lesdits sieur et dame.... que les trois enfans susnommés sont les seuls qu'ils aient eus de leur mariage;

7°. L'acte de décès de.... mère dudit sieur;

8°. L'acte de décès de.... père de ladite dame;

9°. Acte passé devant.... Notaire, ... le .... par lequel.... père dudit sieur .... pour les causes à lui connues, autorise le divorce de son fils par consentement mutuel; Art. 278.

10°. Acte passé devant ....le .... par lequel.... mère de ladite dame.... pour les causes à elle connues, autorise le divorce de sa fille par consentement mutuel; Art. 150 et 278.

(*Dans le cas où l'un des époux n'a plus ni père ni mère, il doit rapporter l'autorisation de ses ayeux et ayeules paternels et maternels, et si ces ayeux ou ayeules ou quelques-uns d'entre eux sont décédés, en justifier, soit par des actes de décès en forme, soit par un acte de notoriété*).

11°. Expédition de l'inventaire fait pour parvenir au divorce par.... le .... Art. 279.

(*L'inventaire doit contenir la déclaration par les parties, de la valeur de leurs immeubles*).

12°. Expédition d'un acte passé devant.... le .... par lequel les parties ont constaté leurs conventions sur les trois points indiqués par l'article 280 du Code civil; Art. 280.

13°. Et enfin expédition d'un autre acte passé devant.... le ....portant réglement de leurs droits respectifs.

Toutes lesquelles pièces sont demeurées ci-annexées, après mention faite de leur annexe par les Notaires soussignés.

Ce fait, M. le Président a donné à ladite dame.... l'avertissement de se retirer dans vingt-quatre heures chez...., maison convenue par l'acte du....., passé entre elle et son mari, et d'y résider jusqu'au divorce prononcé.

De tout ce que dessus les Notaires ont dressé le présent procès-verbal, que M. le Président a signé avec les parties et les Notaires, après lecture faite, et la présente minute est demeurée à M°. ....., l'un desdits Notaires, comme le plus âgé.

Second Procès-Verbal.

L'an mil huit cent.... le.... heure de....

En la chambre du Conseil du Tribunal de première instance du département de.... et pardevant M. ..... Président du Tribunal;

En présence de MM........ Notaires Impériaux ..... soussignés ;

Sont comparus ensemble et en personne, N.... âgé de.... demeurant .....

Et N..... sa femme, âgée de.... demeurant

Tous deux poursuivant leur divorce par consentement mutuel, ladite dame de son mari autorisée, en tant que de besoin, à l'effet des présentes.

Lesquels ont déclaré individuellement à M. le Président, que réunissant toutes les conditions et ayant rempli toutes les formalités préalables qui sont exigées par la loi, ils demandent le divorce par consentement mutuel.

Que déjà ils en ont fait une première demande, dont M. le Président leur a donné acte, suivant procès-verbal reçu par .... le .... enregistré;

Que par ce procès-verbal ils ont fait les justifications ordonnées par la loi, qu'ils ont produit et déposé entre les mains des Notaires les actes mentionnées aux articles 279, 280 et 283 du Code civil, lesquels sont demeurés annexés à la minute dudit procès-verbal.

Art. 285.

Qu'il ne leur reste qu'à rapporter la preuve par acte public, que le père dudit sieur.... et la mère de ladite dame.... qui dans le principe ont autorisé leur divorce, persistent dans leur première détermination.

Ledit sieur.... a représenté un acte passé devant.... le.... par lequel.... père, persiste, pour les causes à lui connues, à autoriser le divorce de son fils, par consentement mutuel.

Ladite dame.... a de sa part représenté un acte passé devant.... le.... par lequel.... mère, persiste, pour les causes à elle connues, à autoriser le divorce de sa fille, par consentement mutuel.

M. le Président a fait aux deux époux réunis, et à chacun d'eux en particulier, en présence des deux Notaires, des représentations et exhortations pour les détourner de leur dessein, il leur a donné lecture du chapitre 4, titre 6, livre 1ᵉʳ. du Code civil, et leur a développé toutes les conséquences de leur démarche.

Les deux époux ayant déclaré persister dans leur résolution, M. le Président leur a donné acte de ce qu'ils demandent le divorce et y consentent mutuellement.

A l'instant les parties ont produit et déposé entre les mains des Notaires les deux actes d'autorisation ci-dessus relatés, qui sont demeurés ci-annexés, après mention faite de leur annexe, par les Notaires soussignés.

Ce fait, M. le Président a donné à ladite dame.... l'avertissement de se retirer dans vingt-quatre heures, chez.... maison convenue par l'acte du.... passé entre elle et son mari, et d'y résider jusqu'au divorce prononcé.

De tout ce que dessus, les Notaires ont dressé le présent procès-verbal, que M. le Président a signé avec les parties et les Notaires, après lecture faite, et la présente minute est demeurée à Mᵉ. .... l'un desdits Notaires, comme le plus âgé.

Troisième et quatrième Procès-Verbaux.

Les troisième et quatrième Procès-Verbaux sont, à peu de chose près, semblables au deuxième, et l'on s'abstient, par cette raison, d'en donner un modèle particulier.

4°. Pour la Tutelle officieuse.

Furent présents, le père et la mère de l'enfant (*ou* le père *seul s'il est veuf*, *ou* la mère *seule si elle est veuve*.

Lesquels étant informés de l'intention où est le sieur .... *ou* la dame .... veuve de ...... de prendre la tutelle officieuse de .... (*mettre ici le nom de l'enfant dont il s'agira*) ont, par ces présentes, déclaré qu'ils consentent que ledit sieur.... *ou bien* ladite dame.... prenne, conformément aux dispositions portées à cet égard au Code Napoléon, la tutelle officieuse dudit enfant, et fasse pour raison de cette qualité de tuteur officieux, (*ou bien* de tutrice officieuse) tout ce qui est prévu et permis par le Code.

Le présent consentement ainsi donné à cause que lesdits comparants (*ou* ledit comparant *ou* comparante) ne sont pas domiciliés dans la justice de paix, devant le juge de laquelle doit se former la demande requise, ainsi que les consentemens relatifs à ladite tutelle.

5°. Pour cette même Tutelle officieuse, consentement par la femme de celui qui veut devenir Tuteur officieux.

En présence de dame..... épouse de..... de lui pour ce présent autorisée, demeurant à ....

Laquelle a par ces présentes déclaré qu'elle consent que ledit sieur son mari prenne, comme il est dans l'intention de le faire, la tutelle officieuse de (*mettre ici le nom de l'enfant ainsi que de ses père et mère, et finir par la phrase qui termine l'article 4 ci-dessus.*

Nomination de Tuteur ou de conseil de tutelle. (N°. 680 du Traité.)

Fut présent N..... (*mettre ici le nom de celui qui a des enfans mineurs, de sa femme décédée, ou bien de la veuve qui a des enfans mineurs des son mari.)*

Lequel (*ou* laquelle) a, par ces présentes, déclaré qu'il (*ou* qu'elle) choisit et nomme pour tuteur à ses enfans, après son décès, le sieur.... voulant ainsi qu'il l'en prie, que ledit sieur tuteur ait la gestion et administration des personnes et biens desdits mineurs, conformément à ce qui est prescrit à cet égard par le Code Napoléon, et qu'il ne puisse intenter en justice aucune action relative aux droits desdits mineurs, ni défendre ou aquiescer aux demandes qui pourroient être intentées contre eux relativement à ces mêmes droits, ni provoquer un partage sans prendre l'avis par écrit de M..... Avocat Jurisconsulte a......, que ledit sieur (*ou* ladite dame) comparant ; nomme pour conseil de la tutelle.

Nomination par le père d'un conseil de tutelle à sa femme qui lui survivra et qui sera tutrice naturelle de ses enfans, (même N°. 680.)

Lequel a, par ces présentes, déclaré qu'en cas ou dame.... son épouse, lui survive et devienne ainsi tutrice naturelle de leurs enfans mineurs, il nomme M.... Avocat Jurisconsulte, conseil de ladite dame, pour la tutelle desdits enfans, sans l'avis duquel elle ne pourra faire aucuns actes relatifs à leurs droits immobiliers, tels qu'échanges, aliénations, emprunts, constitutions d'hypothèque, demande en partage ni transactions.

Actes de Notoriété, Numéros 678 et 679 dudit traité.

Furent présents (*mettre ici les noms, qualités et demeures de deux personnes mâles, majeures, regnicoles et jouissant des droits civils.)*

Lesquels ont, par ces présentes, certifié et attesté pour vérité et notoriété, comme en ayant connoissance, que (*mettre ici le fait qu'il s'agit de certifier, comme par exemple, qu'un tel est vivant, et il faudra alors déclarer son âge, le lieu de sa naissance, et dire qu'il s'est présenté auxdits Notaires ou bien qu'il n'est point marié, ou qu'il est veuf, ou veuve)* de.... et ne s'est pas remarié, (*ou bien*) qu'après le décès de.... arrivé a.... le.... Il n'a point été fait d'inventaire, et qu'il a laissé pour ses héritiers.... (*mettre ici les noms, qualités et demeures de ces héritiers.*

De laquelle attestation lesdits comparants ont demandé acte auxdits Notaires, qui le leur ont octroyé pour servir et valoir ce que de raison a qui il appartiendra, fait et passé, etc. (*et s'il s'agit de certificat de vie on dira que l'individu a signé tel acte.*)

Protét. (*Numéro 681 bis dudit traité.*)

On ne mettra point ici de formule des exploits de protét, dont il est parlé dans ledit traité du Notariat, auquel on renvoie.

CHAPITRE VII.

Quittances. Numéros 682 jusques et compris 694.

On ne mettra pas ici non plus de formules d'actes de quittances qui varient beaucoup suivant les cas; il suffit que les Notaires expriment clairement ce que font les parties par la quittance que l'une donne à l'autre, et qu'ils observent toutes les particularités dont il est parlé dans les treize numéros de ce septième chapitre du Traité du Notariat.

III.º LIVRE SECOND, TROISIÈME PARTIE.

CHAPITRE PREMIER.

De l'inventaire. Numéros 695 jusques et compris 724. Formule générale.

L'an mil...... le..... du mois de...., a..... heure du matin (*ou de relevée*) à la requête..... (*mettre ici les noms, qualités et demeures des parties comparantes, suivant l'ordre exposé au numéro 703. S'il y a ou le mari ou la femme survivant, dire*) en son nom à cause de la communauté de bien qui existoit entre eux, (*et s'il y a des enfans mineurs dire*) tant en son nom à cause de la communauté de biens qui existoit entre eux qu'au nom et comme tuteur *ou tutrice* de.... etc.... (*Si ces enfans mineurs n'ont ni père ni mère, il faudra dater et énoncer le jugement rendu par le Juge-de-paix en l'assemblée du conseil de famille qui aura nommé le tuteur et le subrogé tuteur, et si c'est le père ou la mère survivants qui ait la tutelle naturelle et légale des enfans, on dira*) en la présence de..... subrogé tuteur desdits enfans mineurs, nommé à cette qualité par, etc. (*Si le mari ou la veuve est donataire du défunt, soit par le contrat de mariage, soit par acte postérieur, on énoncera cette qualité et l'on ajoutera*) sauf la réserve de prendre par la suite telle autre qualité relativement aux biens de la succession ci-après mentionnée.

(S'il y a un testament et un exécuteur testamentaire, on dira) comme aussi à la requête de.... *(mettre ici les noms, qualité et demeure de l'exécuteur testamentaire dudit défunt ou de ladite défunte)* nommé à cette qualité par son testament *(énoncer ici le testament ou le codicile, et s'il est olographe ou mystique, dire comment il a été ouvert et à qui il a été déposé par acte du.... et ajouter)* qui sera enregistré dans le temps prescrit.

Plus à la requête de...... de...... *(mettre ici les noms, qualités et demeures des héritiers. S'il y a des ou plusieurs légataires universels ou a titre universel, on mettra après avoir nommé d'abord les héritiers naturels)* plus à la requête de...... et de..... *(mettre ici les noms des légataires universels ou a titre universel et énoncer le testament ou autre acte qui leur a déféré cette qualité.)*

Lesdits,....... *(répéter ici les noms de ces héritiers)* habiles a se porter héritiers chacun pour.... moitié *(ou pour un tiers, etc.)* dudit feu sieur..... *(ou de ladite feue dame ou demoiselle)* sauf a eux de prendre par la suite telle qualité qu'ils aviseront dans sa succession.

Ledit *ou* lesdits..... légataires universels *(ou* a titre universel *)* dudit sieur *(ou* de la dame...... *)* ainsi qu'il vient d'être dit.

S'il y a d'autres héritiers connus, mais qui soient trop éloignés pour qu'on soit obligé de les appeler, et qui n'aient pas un fondé de pouvoir notarié qui se présente pour eux, ou dont la longue absence soit constatée dans la forme prescrite, on dira :

En la présence de..... Notaire a..... commis par le Tribunal civil de.... suivant un jugement du..... pour représenter *(tels et tels)* qui sont absens.

S'il y a quelques-uns des héritiers présomptifs ou légataires et successeurs a titre universel, connus et qui, sur la sommation que leur auront faits les héritiers présents, ainsi que cela se doit, de se trouver à l'inventaire, ne se présentent pas, soit eux-mêmes, soit par un fondé de procuration, on énoncera leurs noms et la sommation a eux faite, laquelle sera annexé à la minute de l'intitulé de l'inventaire, et les requérants qui auront comparu demanderont aux Notaires de leur donner défaut contre ces défaillants, dans le cas où après les avoir attendus pendant trois heures, ils ne comparoîtront pas, et alors on mettra) ce qui leur a été octroyé par lesdits Notaires. *(On attendra donc pendant ces trois heures, et l'on dira alors)* et à l'expiration de ces trois heures, lesdits *(tels et tels)* ne s'étant pas présentés, ni personne pour eux, lesdit Notaires ont donné défaut contre eux et diront que l'inventaire va être fait en présence de..... Notaire et son Collègue, commis par le Tribunal, etc. pour représenter les absens à la conservation des droits desdites parties et de tous autres qu'il appartiendra il va être par...... Notaires a...... soussignés (*ou bien s'il n'y a qu'un Notaire*) des témoins ci-après nommés, procédé à l'inventaire et description des meubles, effets mobiliers, titres et papiers qui se sont trouvés dans les lieux qu'occupoit ledit sieur (*ou* ladite dame) en la maison qui lui appartenoit (*ou bien* en laquelle il demeuroit) située à...... et où il est décédé le...... le tout sur la représentation qui en sera faite (*on mettra ici le nom de la personne qui a ces effets en sa possession , s'il a été apposé des scellés , on ajoutera*) et par...... un tel, gardien des scellés qui ont été apposés par.... le.... après serment par lui (*ou elle ou eux*) présentement fait, ainsi que par..... (*mettre ici les noms des domestiques du défunt*) entre les mains desdits Notaires de tout représenter sans en rien cacher ni détourner, ni savoir qu'il en ait été aucune chose par qui que ce soit, le tout sous les peines de droit a eux expliquées par lesdits Notaires et qu'ils ont dit bien entendre.

La prisée des meubles et effets mobiliers sera faite à juste valeur, et sans crue par..... huissier commissaire priseur (*ou bien si dans la ville, ou le bourg, ou le village, ou campagne où se fera l'inventaire, il n'y a point d'huissier commissaire priseur en titre, par tel ou tel*) expert choisi et nommé à cet effet par lesdites parties, lequel pour ce présent a promis de faire ladite prisée en son ame et conscience et ont lesdites parties et autres susnommés signé avec lesdits Notaires sous toutes protestations faites par lesdits..... (*on ne mettra ici les noms que des personnes qui auront intérêt de le faire, tels que des héritiers naturels quand il y a un testament qui dispose au profit soit de l'un d'eux , soit d'un étranger*) que ledit testament ne pourra préjudicier à leurs droits , et sous la réserve des droits, actions ou créances qu'ils peuvent avoir à exercer contre ladite succession. *Si l'on ne fait ce jour là que la rédaction de l'inventaire ; on dira* : il a été vaqué à ce présent intitulé jusqu'à..... heures sonnées ; la vacation pour commencer l'inventorié a été remise au..... du présent mois (*ou* du mois prochain) a..... heures du matin (*ou bien* de l'après diner) et ont lesdites parties, etc. comme ci-dessus. (*Si l'on a vaqué tant à l'intitulé qu'à la confection commencée de l'inventaire, on signera à la fin de l'intitulé , et après ces signatures on mettra*) suit la description des effets mobiliers.

Dans la cuisine, (*ou autre pièce par laquelle on commencera*) *la description sera faite article par article , et l'huissier priseur ou l'expert en dictera la prisée au Notaire.*

On signera, à la fin ainsi qu'il est dit ci-dessus , mais ce sera seulement les parties, l'huissier priseur ou expert, le gardien des effets et les Notaires, et la clôture de la vacation ainsi que la remise pour la suivante se fera comme il vient d'être dit, et l'on signera, et ainsi pour chaque vacation.

Quant à la clôture de l'inventaire , comme elle varie beaucoup et quelquefois

7

même très-essentiellement suivant les cas , il n'est pas possible d'en donner ici une formule générale. Les Notaires devront rédiger cette clôture d'après tout ce qui est dit a cet égard dans le Traité du Notariat aux numéros 732, 733 et 734.

Ce qui vient d'être dit au sujet des inventaires s'applique aussi à ceux qui se font après une interdiction ou une absence constatée et légalement déclarée, ou à l'occasion d'un divorce prononcé, mais avec les différences que ces divers cas exigeront, dans l'énonciation des qualités des parties et des officiers publics, ainsi que dans les motifs qui donneront lieu à ces sortes d'actes d'inventaires.

CHAPITRE II.

Numéros 725 à 730. Liquidation de communauté ou de succession.

CHAPITRE III.

Numéros 731 jusqu'à 733. Compte de Tutelle.

CHAPITRE IV.

Numéros 736 à 740 bis. Actes qui se font dans les directions des créanciers unis.

CHAPITRE V.

Numéros 741 à 743. Ordres et Contributions entre créanciers.

Il n'est pas possible ni nécessaire de donner ici des formules de toutes ces espèces d'actes. Elles diffèrent beaucoup les uns des autres, mais les Notaires, après avoir lu et bien saisi tout ce qui est dit dans ces quatre chapitres du Traité du Notariat, seront à portée de rédiger toutes ces opérations suivant qu'il le faudra , suivant les circonstances.

CHAPITRE VI.

Numéros 744, 745 et 746 du Traité. Compulsoires ou Procès-Verbaux de délivrance d'une seconde grosse.

Il en est de même pour ces compulsoires et pour ces procès-verbaux , les Notaires seront en état d'en rédiger les actes en observant tout ce qui est dit dans ce chapitre VI, et tout ce que le bon sens naturel veut que l'on mette dans ces sortes d'actes.

CHAPITRE VII et dernier du Traité du Notariat.

Numéros 747, 748 et 749. Acte respectueux.

Cet acte se fait en forme de procès-verbal, et tout ce qu'il doit contenir est suffisamment prévu et énoncé, suivant les différens cas, dans ce dernier chapitre.

Formule générale pour l'intitulé et pour la clôture des actes exécutoires par eux-mêmes.

Cette formule est insérée mot pour mot dans l'observation générale qui termine le livre du Traité du Notariat.

Nota. *Cette formule est copiée sur celle que la Chambre des Notaires de Paris a fait imprimer, de l'agrément du Conseil-d'État.*

Formule particulière pour les actes notariés qui se passent en France lorsqu'un des contractans, ou même tous, n'entendent pas le français, ou qui se passent dans un pays étranger réunis à l'Empire, lorsque parmi les contractans, il y a un français qui n'entend pas la langue de ce pays, et que l'acte est fait dans cette langue usuelle, ainsi qu'un décret de S. M. l'Empereur et Roi l'a permis au Notaires, jusqu'à un certain temps, en attendant que le français soit devenu dans ces pays la langue officielle pour les actes publics.

Par devant, etc.

Furent présent, etc. (*mettre ici comme à l'ordinaire les noms, prénoms, qualités et demeures des parties; et pour celle qui n'entendra pas la langue dans laquelle l'acte sera rédigé, on ajoutera*) assisté........ (*mettre ici les nom, prénoms, qualité et demeure de celui qui servira d'interprète, sachant la langue que parle le contractant, et sachant aussi la langue que les Notaires emploient dans l'acte qu'ils rédigent; dire aussi comment l'interprète a été revêtu de ce caractère, par l'autorité souveraine, et s'il a prêté serment devant le Tribunal civil du ressort du lieu où résident les Notaires rédacteurs de l'acte ou devant la Cour impériale dont ressortit ce Tribunal civil, et faire mention du tout. En cas que cet interprète n'ait pas prêté serment, il faudra qu'il le prête avant que l'acte soit rédigé. -- Si dans le ressort du Tribunal civil de la résidence des Notaires, il n'y a point d'interprète public, il faut que les contractans, conjointement, nomment une personne entendant et parlant les deux langues, et qu'ils présentent requête à ce Tribunal, à l'effet d'homo-*

loguer cette nomination, et de recevoir le serment que prêtera devant lui cette personne ; l'acte de cette nomination et l'expédition du jugement rendu par le Tribunal, seront annexés à la minute de l'acte notarié.]

Lesquels sont par ces présentes convenus de ce qui suit, qui a été préalablement exprimé audit sieur..... interprète pour chacun d'eux, dans sa langue usuelle, et que ledit sieur...... à expliqué à haute voix, tant aux parties contractantes chacun en la langue qu'elle entend, qu'auxdits Notaires (ou bien) qu'audit Notaire et aux témoins soussignés (s'il n'y a qu'un Notaire, on dira) en présence de...... et de témoins à ce requis et appelés; et ont lesdites parties et interprètes et ensuite lesdits Notaires (ou bien ledit Notaire et lesdits témoins) signé, après lecture faite des présentes par lesdits Notaires (ou bien par ledit Notaire) en présence desdits témoins.

Fait et passé à...... en l'étude, l'an mil huit cent.... le..... du mois de......

NOTA. Cet interprète n'est pas à l'instar d'un témoin instrumentaire, que les Notaires soient obligés de connoître, comme ils le sont pour les autres actes qu'ils reçoivent ; l'interprète est véritablement le mandataire des contractans qui l'ont nommé parce qu'ils le connoissent et savent le caractère qu'il a d'interprète et qu'il sait les deux langues, c'est donc comme si les contractans eux-mêmes exprimoient leur volonté aux Notaires auxquels elle est exprimée par l'interprète, et comme ce qu'aura dit cet interprète devra faire foi vis-à-vis des tiers et en justice, il faut qu'il ait prêté serment devant le Tribunal, mais s'il est déjà sermenté devant ce Tribunal, payant la patente et revêtu par conséquent d'un caractère public, il ne sera pas besoin qu'il renouvelle ce serment.

De l'Imprimerie de DOUBLET, rue Git-le-Cœur n°. 7.

www.ingramcontent.com/pod-product-compliance
Lightning Source LLC
Chambersburg PA
CBHW070822210326
41520CB00011B/2075